Stefan Wolff

WIE PHÖNIX AUS DER ASCHE

Stefan Wolff

WIE PHÖNIX AUS DER ASCHE

Kraft-Rituale für Männer

Kösel

Für Luna, mit der alles begann

FSC
www.fsc.org
MIX
Papier aus verantwortungsvollen Quellen
FSC® C014496

Verlagsgruppe Random House FSC-DEU-0100
Das FSC®-zertifizierte Papier Munken Premium für dieses Buch liefert Arctic Paper Munkedals AB, Schweden.

Umschlag: fuchs_design, München
Umschlagmotiv: istock; Foto: Ivan Mikhaylov
Druck und Bindung: GGP Media GmbH, Pößneck
Printed in Germany
ISBN 978-3-466-36850-1

Weitere Informationen zu diesem Buch und unserem gesamten lieferbaren Programm finden Sie unter
www.koesel.de

INHALT

Manngeburt

Aufhören zu suchen,
in den Seelengarten treten,
wie ein Berserker fluchen
und aus vollem Herzen beten.

Wachsen an der Aufgabe,
den Speer in der Hand,
eine Ahnung von Hingabe,
durchstreifen wildes, unbekanntes Land.

Reisen in fruchtloser Weite,
heiter im Gemüt,
klingt eine silberne Saite,
vom Tanz der Jäger erblüht.

Eine Gebärde wie ein Schrei
füllt den hungrigen Bauch,
setzt all die schlimmen Monster frei,
erfüllt den ewig alten Brauch.

Ein neuer Mann scheint geboren,
hat doch nur sein Wesen
zu seinem Selbst erkoren.

Stefan Wolff

VORWORT

Hallo, lieber Leser. Jetzt bin ich doch einigermaßen überrascht. Du hier – mit diesem Buch in der Hand? Na, dann gehörst Du wohl zu der seltenen Spezies Mann, der die Offenheit besitzt, einen Männerratgeber in die Hand zu nehmen. Oder wurdest Du von Deiner Partnerin mit diesem Buch beglückt? Wenn Du es dann trotzdem aufgeschlagen hast, musst Du sie wirklich lieben. Allerdings bin ich mir gar nicht sicher, ob dieses Buch ein Ratgeber ist. Obwohl Du hier viele praktische Übungsbeispiele findest, ist es für mich eher ein Wachrüttler-, Feueranzünder- oder Lust-auf-mehr-Buch.

Die Tatsache, dass Du, Mann, ein Buch zum Thema »Kraftrituale für Männer« in die Hand nimmst, deutet zumindest darauf hin, dass Du Dich nicht von Klischees beherrschen lässt. Damit steigen die Chancen für einen weiteren gemeinsamen Weg durch diese Seiten. Nachdem ich jetzt eine Weile von Dir gesprochen habe, will ich auch von mir erzählen. Ich bin keineswegs ein Geschlechtsgenosse, der von sich behaupten könnte, dass er die Weisheit mit Löffeln gegessen hätte und nun genau wüsste, was einen Mann der heutigen Zeit ausmacht, und noch weniger weiß ich, wie Man(n) dazu wird.

Aber ich bin, seit ich denken kann, auf der Suche. Dabei habe ich vieles gefunden, mehr verloren, manches hat mich heftig erschüttert und tief durchdrungen. Das möchte ich mit Dir teilen. Dieses Buch ist kein Wissenschaftliches, mit viel theoretischem Wissen Überladenes. Vielmehr erzählt es von Erlebtem und Erlittenem und den Erkenntnissen, die ich daraus gewonnen habe. Du wirst hier eine Fülle an lebendigen Geschichten finden, die entweder ich selbst oder Männer, die mir in meinen Kursen begegnet sind, am eigenen Leib erfahren haben. Gute Geschichten haben die angenehme Eigenschaft, dass sie sich beim Leser genau an der Stelle einnisten, an der sie am meisten gebraucht werden. Auf ganz sanfte Weise und kaum wahrnehmbar entfalten sie dort ihre heilsame Wirkung. Wenn Du dann Lust auf mehr bekommst, dann nimm Dir Zeit beim Ausprobieren der einzelnen Selbsterfahrungselemente. Sie sind alle in die Form des Rituals gestellt. Der rituelle Rahmen bietet Dir die Möglichkeit, tiefe Erfahrungen zu machen und gleichzeitig dabei geschützt zu sein. Bitte lies Dir deshalb, bevor Du mit den praktischen Übungen beginnst, das Kapitel: »Die Bedeutung des Rituals für die Initiation des Mannes sorgfältig durch. Für Männer, die in psychiatrischer Behandlung sind, sind diese Übungen nicht geeignet.

Dieses Buch kann die reale Erfahrung einer Initiation, wie sie die Manngeburt darstellt, keineswegs ersetzen. Aber es bietet Dir die Chance, den Geschmack von Wachstum und Wandlung zu schmecken. An Stellen, an denen Du Dein Herz klopfen spürst, solltest Du besonders langsam und besonders achtsam lesen. Vielleicht möchte es Dir etwas sagen. Möge Dein wildes Männer-Herz auf dem Weg durch dieses Buch immer wieder laut und vernehmbar pochen. Möge es Dich daran erinnern, dass das, was durch Deine Adern rauscht, pures Leben ist, das mit Haut und Haar gelebt werden möchte. Dein Herz kann ein Wegweiser durch das Leben sein. Solltest Du es beim Lesen wieder deutlicher spüren als zuvor, dann hat sich der Sinn und Zweck dieses Buches voll und ganz erfüllt.

Stefan Wolff

DER MANN IN UNSERER ZEIT

Geiler Bock, skrupelloser Abzocker, Machoschwein, gefühlloser Rüpel …

Superversorger, Weichei, Warmduscher, Frauenversteher, Sitzpinkler …

Zwischen diesen Extremen pendeln wir Männer, auf der Suche nach unserer wahren Identität. Woher sollen wir auch wissen, was einen echten Mann ausmacht? Niemand hat es uns beigebracht. Unsere Väter waren abwesend, weil noch mit ihren verwundeten Vätern der Kriegsgeneration beschäftigt, und in Schule und Studium fehlte das Fach »Mannwerdung«.

Dabei gab es zu allen Zeiten und in allen Kulturen Rituale und Initiationen, die behilflich waren, den angemessenen Platz in der Gesellschaft einzunehmen und aus der Tiefe der eigenen Männlichkeit zu schöpfen.

Wenn ich mich an meine eigene Mannwerdung erinnere, dann gab es bis Mitte 30 ein großes schwarzes Loch der Orientierungslosigkeit. Ende der Pubertät, Anfang 20, wehrte ich mich dagegen, Mann zu sein und zu werden. Ich kann mich an Gedichte von mir erinnern, in denen ich mich intensiv mit meinem Geschlecht und den Herausforderungen, die es bietet, auseinandergesetzt habe, um mich schlussendlich gegen das Mann-Sein aufzulehnen. Mit rosa Latzhose, lila T-Shirt, hellblauem Omafahrrad und engelblondem Wallehaar entwickelte ich mich zum Supersoftie und Frauenversteher. Zugleich bekam ich im Fußballclub unseres Kleinstadtvereins als zäher Kämpfer, der den gegnerischen Spielmacher wie ein Terrier bekämpft, von meinen Geschlechtsgenossen Anerkennung. Allerdings nur, bis das Spiel zu Ende war. Die klassischen Männerthemen Frauen, Autos und Technik langweilten mich nämlich. Ich schrieb Gedichte, veranstaltete öffentliche Lyrikabende und bekam in meinem Umfeld von Frauen viel Aufmerksamkeit und Bewunderung. Von meinen Geschlechtsgenossen wurde ich stattdessen teils eifersüchtig, teils argwöhnisch, manchmal höhnisch betrachtet und belächelt. So richtig wohl fühlte ich mich nirgends. War ich mit den Frauen, konnte ich zwar meine sanfte, einfühlsame Seite leben, war ein guter Zuhörer und betörender Poet, aber ihre fleischliche Lust befriedigten sie mit den machohaften Männern, über die sie sich dann bald auch wieder bei mir ausweinten. Denn hier trafen sie auf ein verständnisvolles Ohr, das einem gehörte, der sie in ihrer schlechten Meinung von Männern bestärkte. Die meisten Männer lösten damals bei mir Befremden aus. Außer im Fußball fand ich selten eine gemeinsame Sprache mit ihnen. Stattdessen waren sie Konkurrenten mit begrenztem Horizont, zu wirklicher Nähe nicht fähig. Heute weiß ich, dass auch ich zu dieser Nähe nicht fähig war. In meinem Leben gab es keine männlichen Vorbilder, an denen sich die eigene Geschlechtsidentifikation hätte orientieren können. Wie groß meine Einsamkeit und meine Sehnsucht danach waren, begreife ich erst heute im Rückblick.

Leere Hülle

Mein Vater, im Krieg geboren, lernte erst mit zehn Jahren seinen aus Gefangenschaft heimgekehrten, gebrochenen Vater kennen. Er wuchs mit einem »schwachen«, alkoholkranken Vater auf, also im Grunde vaterlos. Damit konnte mir mein Vater kein wirkliches Vorbild sein. Zwar gab er sein Bestes, um uns gut zu versorgen, und für seine offene, lebensfrohe Art bin ich ihm sehr dankbar, aber es fehlte ihm die innere Präsenz, Bewusstheit und Klarheit, um mich auf gute Weise ins Mann-Sein einzuführen. Da es keine »Ersatzväter« gab, die diese Rolle hätten ausfüllen können, war ich als junger Mann darauf angewiesen, dass ich mir selbst irgendetwas zusammenbastelte, das nach Mann aussieht. Geprägt durch die Medien (Film, Fernsehen und heute Internet) und andere unreife Männer entwickelte sich ein seltsames Konglomerat an Klischees, gepaart mit eigenen individuellen Fähigkeiten und Qualitäten. Bis Mitte 30 versuchte ich ein Bild zu erfüllen, das bei genauerer Betrachtung eine leere Hülle, ohne jede Substanz war.

Meine berufliche Laufbahn bis dahin förderte diesen Zustand noch. Ich hatte mich für den Beruf des Erziehers entschieden, ein von Frauen dominierter Bereich, mit ein paar weichen, für mich ungefährlichen Männern. Auch hier bewegte ich mich in einem Feld, indem ich zwar meine »Hülle« gut aufrechterhalten konnte, aber nicht im Geringsten gefordert oder gefördert wurde in meine Kraft und Vitalität als Mann zu kommen. Meine damalige langjährige Liebe war sieben Jahre jünger und hat den lokal bekannten Dichter angehimmelt. Sobald sie in das Alter kam, in dem es um ihre eigene Identität als Frau ging, hat sie mich verlassen. Ich hatte keinerlei Instrumente oder Handlungsmöglichkeiten, um ein wirkliches Gegenüber sein zu können, welches für gemeinsames Wachsen und Reifen nötig ist.

Der Blick in den Spiegel

In meiner Not und Verzweiflung über den drohenden Verlust bin ich zum ersten Mal aus meiner männlichen Klischee-Hülle ausgebrochen, machte mich auf die Suche nach Hilfe und fand meinen Mentor in Form eines männlichen Therapeuten. Die initiatische Therapie und mein Mentor sollten mich die nächsten sieben Jahre begleiten und vieles von meinen angenommenen Identitäten schmerzhaft in Frage stellen und zerstören. Auch wenn vieles nur

Hülle war, tut es dennoch grässlich weh, wenn man dies zum ersten Mal erkennt und der Boden für das Neue mit mehr Substanz noch nicht vorhanden ist. Aber jetzt, da ich mich auf den Weg gemacht hatte, gab es auch kein Zurück mehr. Schicht für Schicht der falschen Identität wurde abgetragen, manchmal an der Grenze des Aushaltbaren, aber mithilfe meines Mentors konnte ganz langsam und zart Neues, Substanzielleres wachsen. Zum Vorschein kamen oftmals Seiten, die ich so gar nicht von mir erwartet hätte. Ich wurde konfrontiert mit dem Killer in mir, dem, der in der Lage ist, aus Wut alles kurz und klein zu schlagen. Der Berserker, der voll ungebändigter Kraft steckt und nicht weiß, wie damit verantwortungsvoll umzugehen ist.

Manchmal überschwemmten mich meine Trauer und der Schmerz, als wollten sie mich im eigenen Tränenmeer ersäufen. Nicht nur einmal stellte sich gnaden- und bedingungslos die Frage, was ich hier auf Erden überhaupt soll. So schlimm diese Zustände auch waren, ich konnte mir immer der liebevollen, klaren, zielstrebigen und Halt gebenden Begleitung durch meinen Mentor sicher sein. Immer fühlte es sich lebendiger, kraftvoller und authentischer an als das, was ich bis dahin gelebt hatte. Erstmals schien sich die leere Hülle mit Inhalt zu füllen, und langsam entwickelte sich eine Ahnung von dem Mann Stefan, in seiner ganz speziellen, von innen her wachsenden Identität. Aus der heutigen Sicht möchte ich behaupten, dass mir diese Begegnung das Leben gerettet hat. Wahrscheinlich hätte ich trotz solch wiederkehrender Gedanken nie den Mut gehabt, mich umzubringen, aber ich hätte mit hoher Wahrscheinlichkeit ein unerfülltes, sinnentleertes und ganz bestimmt sehr anstrengendes, einsames Leben geführt.

Der Zwiespalt

Viele Männer unserer und früherer Generationen leben in einer Art inneren Wüste, der selbst gewählten Isolation. Nach außen führen sie oft ein tüchtiges Leben, das zumeist durch andauerndes Funktionieren geprägt ist. Erfolg und harte Arbeit im Beruf – Ehefrau und Kinder plus die passenden Statussymbole (Haus, Auto etc.). Wenn man aber ein wenig an der schönen Fassade kratzt, wird bei vielen schnell deutlich, dass es sich eben um eine Fassade handelt, hinter der der Schimmel den Putz von der Wand bröckeln lässt. Innere Leere und ungestillte Sehnsüchte warten oftmals seit Jahren darauf, endlich mit Leben und Sinn gefüllt zu werden.

Ich kann zutiefst nachempfinden, wie es dazu gekommen ist und wie sich dieser Zustand anfühlt. Du willst es doch nur gut machen und gibst dabei Dein Bestes. Häufig mit dem Ergebnis, die permanente Unzufriedenheit Deiner Ehefrau aushalten und in der Berufswelt ständig um Anerkennung kämpfen zu müssen.

Genau betrachtet ist das bitter, aber so ist es nun mal. Jammern und Lamentieren ist etwas für Weicheier und Luschen. Zähne zusammenbeißen und durch wie Generationen von Männern vor uns. Schwächen werden Deine Kollegen bei der nächstbesten Gelegenheit ausnutzen, und das darf nicht sein. Also morgens die Rüstung angelegt und auf in den Kampf. Dafür sind wir Männer schließlich geschaffen. Mit dieser Rüstung triffst Du dann auf Deine Frau und bekommst prompt um die Ohren, wie unnahbar, wenig einfühlsam und wenig empfindsam Du bist. Geht's noch?

In diesem Zwiespalt, nie wirklich zu genügen, ziehst Du Dich innerlich immer mehr zurück in die Oase von Premiere Sport, von Fitnessstudios, von regelmäßigen Feierabendbieren, einsam wichsend auf Bildchen von Pornotube und was es an Rückzugsmöglichkeiten mehr gibt. Oftmals ein verzweifelter Versuch *nichts* mehr oder *wieder* etwas zu spüren …

Du bist mehr als eine einsame Maschine, die im Grunde nur alles möglichst gut schaffen und erfüllen will. Du bist als vitales, lustvolles, schönes Geschöpf gedacht, das mit einem brillanten Geist ausgestattet, seine enormen physischen und psychischen Kräfte zum Wohle für Dich und das große Ganze einsetzen soll. Das steht überhaupt nicht im Widerspruch zu Deiner sinnlich-weichen, einfühlsamen, empfindsamen und sozialen Seite, die sich mit den Menschen und Wesen Deiner Umgebung tief verbinden kann. Du bist gemeint als die ergänzende, vollendende Seite zum Weiblichen, zu Deiner Frau. Als wirkliches Gegenüber wirst Du von Deiner Frau beschenkt und beschenkst Deine Frau, sodass sich der Kreis runden kann. Nur wie und wo findest Du einen Weg, diese Dir innewohnenden Fähigkeiten und Qualitäten zu gebären und sichtbar werden zu lassen? Wo wird Dir gezeigt, wie Du Hülle als Hülle identifizieren und das Eigentliche aus Dir hervorholen kannst? *Einen* möglichen Weg soll dieses Buch aufzeigen. Ich möchte mit diesem Buch ein Feuer in Dir anzünden.

Dasselbe Feuer, das vor vielen Jahren in mir angezündet wurde, als ich meinem Mentor erstmals begegnete.

WAS BEDEUTET MANNGEBURT?

Leise hatte sie sich von hinten herangeschlichen, legte eine Hand auf meine Schulter und ein Ultraschallbild vor mich auf den Schreibtisch. Mit einem Lächeln flüsterte Sie den alles verändernden Satz in mein Ohr: »Ich bin schwanger …«

Eine Fülle unterschiedlichster Gefühle wirbelte mich von einem Moment auf den anderen durcheinander. Natürlich war das erste Gefühl Freude. Mit Mitte 40 empfand ich mich endlich reif genug, Verantwortung für ein Kind zu übernehmen. Daher war da aufrichtige Freude, weil sich mit diesem Satz meiner Frau ein lange ersehnter Herzenswunsch zu erfüllen schien. Die Freude wurde jedoch bald von anderen Gefühlen und Gedanken eingetrübt und abgelöst. Als selbstständiger Psychotherapeut mit eigener Praxis in München spürte ich sehr bald das drückende Gefühl der finanziellen Verantwortung, nun für drei sorgen zu müssen. Bei dem Gedanken wurde mir heiß und kalt zugleich. Die folgenden Tage schlief ich unruhig, mit bangem Herzen, mich immer wieder fragend, ob ich auch in der Lage bin, die anstehende Aufgabe zu meistern. Außerdem war mir als langjähriger Visionssucheleiter und Initiationsmentor für viele Menschen klar, dass meiner Frau durch die Schwangerschaft und die Geburt ein tiefer Initiations- und Reifungsprozess bevorstand. Frauen, die den Geburtprozess ihrer Kinder bewusst und gut begleitet vollziehen, haben die Chance, auf einer tiefen seelischen Ebene zu reifen, zu wachsen und mit ihrer innewohnenden weiblichen Urkraft dauerhaft in Verbindung zu kommen. Ich wollte auf diesem Entwicklungsweg aktiv an der

Seite meiner Frau bleiben und nicht nur beobachtend danebenstehen. Also machte ich mich wieder einmal auf die Suche nach einem Weg und einem Mentor, der mich noch tiefer in Kontakt mit meiner männlichen Urkraft bringen und mich in meine Vaterschaft auf geistig-seelischer Ebene einführen sollte. So begann ich im Internet nach speziellen Angeboten für eine Männer-Initiation zu suchen.

Ich erkundigte mich bei anderen Männern, die Erfahrung mit Männerarbeit gemacht hatten, und fing an, Bücher über Männerarbeit zu lesen. Dabei bin ich auf viel Interessantes, manches mir bis dahin Unbekannte gestoßen, aber es war nichts dabei, wozu ich hundertprozentig hätte ja sagen können.

Geburt der Manngeburt

Durch die intensive Beschäftigung mit dem Thema Männer-Initiation wurde mir zunehmend klar, dass es so etwas, wie ich es suchte, noch nicht gibt, dass ich selbst jedoch, aufgrund 10-jähriger psychotherapeutischer und initiatischer Arbeit das Handwerkszeug und die Erfahrung dazu besitze. Mit einem Schlag war klar, meine Initiation in die Vaterschaft würde sein, dass ich selbst so ein Projekt entwickle und durchführe.

Da waren sie wieder, die Schatten aus früheren Jahren.

Mit der Erkenntnis, dass ich selbst so etwas anbieten könnte, kam ich in Kontakt mit meiner Urangst vor Männern. Bilder und Szenarien tauchten auf, in denen eine Horde Männer über mich herfiel und mich niedermetzelte, bis nichts mehr von mir übrig blieb. Obwohl mein Vater ein herzensguter, liebevoller und einfühlsamer Vater war, hatte er aufgrund seiner eigenen Geschichte leicht sadistische Seiten, die er mich als Kind von Zeit zu Zeit spüren ließ. Aus dieser Zeit stammt die tief verwurzelte Angst, von Männern misshandelt und missachtet zu werden. Jetzt, da sich mir die Aufgabe stellte, ein Männerprojekt zu entwickeln, holten mich die alten Dämonen wieder ein.

Doch sie waren nicht stark genug, um den Lebensimpuls, der aus meiner Seele ins Leben drängte, zu unterdrücken. Tief aus meinem Herzen schallte ein Ruf, eine Aufgabe, der ich mich zu stellen hatte. Seit vielen Jahren hatte ich als intiatischer Therapeut mit Gruppen gearbeitet. Aber immer waren es gemischte Gruppen. In die Einzelarbeit kamen zwar hin und wieder Männer, aber über viele Jahre hinweg zog ich hauptsächlich Frauen an. Erst jetzt wurde mir klar, dass dahinter eine verborgene Angst vor Männern lag, die nun angeschaut und gelöst werden wollte.

Wie immer im Leben gibt es für jedes Problem auch einen Weg. Mein Weg war das, was mir meine innere Stimme in einer Deutlichkeit und Vehemenz präsentierte, wie man das nur selten und oft nur in außergewöhnlichen Momenten des Lebens erlebt. An einem magischen Nachmittag wurde mir binnen weniger Minuten das gesamte Grobkonzept für das Männer-Projekt vor meinem inneren Auge präsentiert. Wie im Fieber versuchte ich das, was ich da sah, auf Papier zu bringen, damit es mir ja nicht verloren ginge. Der Titel war als Erstes klar: »Manngeburt«

Zwölf Jahre zuvor hatte ich auf meiner ersten Visionssuche in der Steinwüste der kalifornischen Rocky Mountains bei meiner Initiation vom Kind zum Mann ein Gedicht mit dem Titel »Manngeburt« geschrieben. In meinen Vision-Quest-Vorträgen (zum Thema »Rituale für Menschen an Wendepunkten«) hatte ich es schon immer zur Einstimmung verwendet, aber jetzt machte es noch viel mehr Sinn. Danach war klar, dass Manngeburt ein Initiationsprozess werden sollte, an dessen Ende eine *Vision-Quest* als Initiationsritual stehen sollte. Hier muss ich zum besseren Verständnis kurz erklären was eine Visionssuche bzw. *Vision-Quest* eigentlich ist.

Nach einer gewissen Vorbereitungszeit begibt man sich für vier Tage und vier Nächte allein, fastend auf einen selbst gewählten

Platz in möglichst unberührter Natur. Im Gepäck hat man nur das Nötigste, wie zum Beispiel eine Isomatte, einen Schlafsack, genügend Wasser, eine Plane als einfachsten Schutz gegen die Unbilden des Wetters und – die aktuelle zentrale Herzens- und Lebensfrage. Die Visionssuche ist für sich schon eine Initiation und bildet den seelischen Zündfunken für einen Reifungsschritt, der im Leben des Initianden ansteht. Jede Initiation bezieht ihre Kraft aus der Qualität ihrer Vorbereitung und ist per se ein Geburtsprozess. Es wird dabei etwas tief Vergrabenes geboren.

Der berühmte Psychoanalytiker Carl Gustav Jung bezeichnet diesen Geburtsprozess als *Individuation* oder auf Deutsch *Selbstwerdung*. In meiner Sprache würde ich sagen, mit einer gelungenen Initiation wird das eigentliche Wesen geboren, so wie wir vom Schöpfer gedacht sind. Ich möchte hier nicht tiefergehen, weil wir uns den Begriff *Initiation* später noch ausführlicher betrachten werden. Jedenfalls gibt es im Prozess einer Initiation ganz ähnliche Abläufe wie bei einer tatsächlichen Geburt. Daher lag es nahe, dass die Schwangerschaft vor der eigentlichen Geburt neun Monate dauern sollte. Damit war der zeitliche Aspekt in meinem Konzept klar.

Als nächstes tönte es aus meinem Inneren, dass es sieben Schritte sein sollen. Sechs Vorbereitungswochenenden und am Ende eine Visionssuche, der eigentliche Geburtsprozess.

Damit war der äußere zeitliche Rahmen klar. Ich wusste auch relativ bald, dass es eine feste Gruppe von Männern sein sollte, die gemeinsam durch diese Zeit geht. Die große Bedeutung dieses Umstands wird mir jedoch erst im Rückblick klar. Einen Raum zu schaffen, in dem sich Männer kennenlernen können, kontinuierlich miteinander wachsen, sich nach und nach ihre größten Schmerzen, Wunden und Tabus zeigen. Dass sie dabei, im wahrsten Sinne des Wortes, miteinander ringen, sich gegenseitig herausfordern, aneinander reiben und sich lieben lernen, ist in unserer meist oberflächlichen Einsamer-Wolf-Männerkultur einer der größten

Schätze überhaupt. Was so entsteht, ist das Gegenteil von Konkurrenz. Stattdessen zeigt sich eine Schönheit, wie sie in der Form nur zu erleben ist, wenn Männer ihre geballte Potenz in Achtung vor dem Leben zum Leuchten bringen. In den ersten Gruppen hat mich dieser Umstand, der von mir so nicht erdacht oder strategisch geplant war, selbst am meisten erstaunt. Jedesmal wieder erlebe ich es als großes Geschenk, diese Erfahrung des Zusammenwachsens und der Geburt von schöner gereifter Männlichkeit beiwohnen zu dürfen.

Was sich als nächstes in meiner Manngeburt-Geburtsstunde einstellte, war der inhaltliche grobe Rahmen der Vorbereitung. Vier Wochenenden sollten den vier zentralen männlichen Urkräften (Archetypen) gewidmet sein. Also je ein Wochenende dem *Liebhaber,* ein Wochenende dem *Magier,* ein Wochenende dem *König* und ein Wochenende dem *Krieger.*

Davor steht ein Wochenende der »Begegnung mit dem wilden Mann«. Der Schriftsteller Robert Bly hat sich in dem Buch »Eisenhans« ausführlich dem Archetypen des wilden Mannes gewidmet. Die wilde, ursprüngliche, männliche Kraft, die bei vielen von uns unter Angepasst-Sein und Funktionieren-Müssen begraben liegt und dadurch manchmal sehr dunkle, seltsame, ungesunde Blüten treibt, wird an diesem Wochenende wiederbelebt.

Das sechste Wochenende bietet Raum für das Männer-Tabuthema Sexualität. Schnell stand auch fest, dass die Archetypen-Wochenenden mit der zentralen Methode der Schwitzhütte gestaltet werden sollen. Außerdem wollte ich so viel wie möglich in der Natur arbeiten und so viel wie möglich mit dem äußerst effektiven Handwerkszeug des Naturrituals. Darüber hinaus sollte mein psychotherapeutisches Know-how, wie systemisches Familienstellen, holotropes Atmen, Bioenergetik und viele andere körpertherapeutische Methoden, einfließen.

Der Angst begegnen

Jetzt, da zumindest der grobe Rahmen gesteckt war, ging ich sofort damit an die Öffentlichkeit, um mein Projekt anzubieten. Ich veranstaltete Informationsabende, noch ohne konkrete Informationen liefern zu können, wie zum Beispiel die Orte für die Veranstaltung aussehen.

Ich wollte einfach nur so schnell wie möglich ein Feedback, ob das Ganze nur ein Hirngespinst ist oder ob tatsächlich ein Bedarf für so ein Angebot in der Männerwelt besteht.

Selten in meinem Leben hatte ich derart »Schiss« und war so nervös vor einer Veranstaltung wie dieses Mal. Wie oben schon einmal erwähnt, befürchtete ich das Schlimmste, was mir die Männer, falls überhaupt welche kämen, antun würden.

Es kamen Männer und viel mehr, als ich mir erträumt hatte. Mit schweißnassen Händen und einem dicken Kloß im Hals erzählte ich meinen Zuhörern möglichst aufrichtig, wie es zu dieser Einladung kam und was ich ihnen anbieten möchte. Wider Erwarten hingen sie an meinen Lippen, signalisierten Offenheit und Interesse an dem, was ich ihnen zu erzählen hatte, und vor allem schienen sie mir wohlgesonnen zu sein. Gegen Ende wagte ich sogar, eine sogenannte *Council*-Runde mit ihnen. Das ist eine rituelle Form des Gesprächs in der Gruppe, die durch ihre Leitlinien ermöglicht, dass auch wildfremde Menschen in kürzester Zeit Vertrauen fassen und sich tief vom Herzen her austauschen. Genau das geschah an diesem ersten Informationsabend. Er endete in einer Atmosphäre der Tiefe, der Herzlichkeit und Vertrautheit, wie ich sie so unter fremden Männern noch nie erlebt hatte und von der ich für diese Veranstaltung nicht mal zu träumen gewagt hätte. Entsprechend war die Resonanz.

Was mir in dem Maße nicht bewusst war, war die tatsächliche Bedeutung von Schwangersein und Gebären.

Nur einen Schritt voraus

Ich hatte jetzt zwar den groben Rahmen, aber mit welchen Inhalten die Wochenenden tatsächlich gefüllt sein würden, war mir noch nicht klar. Schnell stellte sich heraus, dass dies keine Kopfgeburten werden würden. Im Gegenteil, ich war den Teilnehmern meiner ersten Gruppe immer nur den Schritt von ein paar Wochen voraus. Sämtliche Themen, die ich mit den Männer behandeln wollte, musste ich in den Wochen vor so einem Wochenende selbst durcharbeiten. Das bedeutete, dass sich der Raum und das Feld des Liebhabers öffnete, wenn ich das Wochenende mit diesem Thema vorbereitete, und ich selbst dabei viele Facetten – schattenhafte und lichtvolle – zu durchleben hatte.

In der Vorbereitung zum Kriegerwochenende beispielsweise begab sich folgende Situation: Eine lichtvolle Seite des Kriegers ist die Fähigkeit, blitzschnell reagieren zu können und auch sich zurückzuziehen, wenn keine Aussicht auf Erfolg besteht. Gerade an diesem Aspekt hatte ich in der Vorbereitung für das Kriegerwochenende gearbeitet, als ich plötzlich bemerkte, dass ich die Zeit vergessen hatte und zu spät für einen Termin war. Um die verlorene Zeit wieder einzuholen, fuhr ich statt um den Häuserblock, wie es nötig gewesen wäre, in relativ hohem Tempo durch ein Stück Fußgängerzone. Flott ging es an einem Radfahrer vorbei, und kurz bevor ich wieder draußen war, kam eine Polizeistreife auf mich zu. Jetzt gab es kein Entrinnen mehr. Sie hielten mich an und der Radfahrer forderte sie wütend auf, mich zu einer ordentlichen Strafe zu verdonnern. Der Polizist war sichtlich verärgert und alles deutete darauf hin, dass ich aus dieser Geschichte nicht ungeschoren herauskommen würde.

Sofort gab ich mein Vergehen zu und sprach einsichtig davon, dass mein Verhalten eine Strafe verdienen würde. Noch ehe der Polizist zu irgendwelchen Belehrungstiraden ansetzen konnte, bat ich

Der Krieger hat die Fähigkeit, blitzschnell reagieren zu können, aber auch die Deckung, also den unter Umständen nötigen Rückzug, nicht zu vernachlässigen. Etwas, das sowohl emotional als auch ganz lebenspraktisch umgesetzt werden kann.

ihn, mir mitzuteilen, welche Strafe ich abzuleisten hätte. Ich sei als Psychotherapeut auf dem Weg zu einem Notfall, was aber keineswegs mein Verhalten rechtfertige. Nur möglichst schnell sollte er mir meine Strafe mitteilen, weil ich mir ernsthafte Sorgen um meinen Klienten machte. Der Polizist war total verblüfft, sein Ärger und der Wunsch, mir eine gehörige Strafpredigt zu halten mit anschließender saftiger Strafe, war ihm förmlich ins Gesicht geschrieben. Aber das, was er dann von sich gab, war das komplette Gegenteil. Er bestand nur darauf, dass ich verspreche, so etwas nicht mehr zu tun. Auf mein Nachfragen, welche Strafe mich erwarte, meinte er nur, dass das viel zu lange dauern würde und ließ mich einfach fahren.

Komplett überrascht fuhr ich meines Wegs und hatte wieder einmal die Kraft der Archetypen gespürt. Durch meine intensive Beschäftigung in der Vorbereitung auf das Kriegerwochenende war ich so tief in die Form des Kriegers eingetaucht, dass mir auf äußerst positive Weise die Qualitäten des Kriegers zur Verfügung standen, als ich sie brauchte.

Durch Schnelligkeit und List hatte ich dem Polizisten allen Wind aus den Segeln genommen.

Ich bin mir sicher, dass ich in einer anderen Verfassung nicht den Hauch einer Chance gehabt hätte und gehörig abgestraft worden wäre. Dieses Beispiel, in dem ich von der lichtvollen Seite des Kriegers profitierte, macht deutlich, wie tief ich jeweils in die Archetypen eingetaucht bin. Aber auch mit den Schatten der Archetypen in mir wurde ich konfrontiert – mehr als mir lieb war. Manches Mal hat dies die Beziehung zu meiner Frau durchaus heftig belastet.

Moderne Männer

»Manngeburt« ist eine unter Wehen geborene moderne Männer-Initiation. Die Männer, die sich für eine Manngeburt anmelden, sind bereit, sich selbst auf den Grund zu gehen. Etwas in ihrem Leben fehlt (Lebensfreude, Lust, Sinnlichkeit, Sinn, Leichtigkeit, eine Partnerin) und sie sind nicht mehr bereit, darauf zu verzichten. Sie haben erfolgreich vermieden, sich bisher den dunklen Schatten und den persönlichen Dämonen oder den Dämonen ihrer Familie zu stellen. Diese Männer sind nicht mehr willens, ein Leben auf Sparflamme zu leben, sich mit oberflächlichen Befriedigungen ruhig zu stellen, und vor allem sehnen sie sich nach einem ehrlichen, angstfreien, offenen, herzhaften und herzlichen Kontakt mit Männern. Sie haben den Mut, etwas tiefer zu graben, auf den Grund zu schauen, sich der auftauchenden Trauer, ihrer rasenden Wut, der grauenvollen Einsamkeit, der schreienden Gefühllosigkeit und dem unbändigen Schmerz zu stellen.

Es sind ganz »normale« Männer: Handwerker, Unternehmensberater, Architekten, Finanzbeamte, Fotografen, Pastoralreferenten, Studenten, weiche Männer, männlich kantige, passiv introvertierte, aktive Machertypen, junge und alte Männer, heterosexuelle, homosexuelle, kurzum Männer aller Couleur, die sich nicht mehr hinter anerzogenen und angelernten klischeehaften Vorstellungen von Männlichkeit verstecken wollen. Sie sehnen sich nach echten Gefühlen, nach wirklichem Kontakt mit ihren Frauen und Kindern, einer lustvollen Beziehung zu ihrem Körper und nach kraftvoller, vitaler Brüderlichkeit unter ihren Geschlechtsgenossen.

Die Zeit ist reif, dass nach 30 Jahren Frauenbewegung, in denen Frauen ihre weibliche Kraft wieder entdeckt und weiterentwickelt haben, wir Männer nachziehen und uns auf den Weg machen, unser eigentliches Wesen freizulegen. »Manngeburt« und dieses Buch sind ein kleines Puzzleteilchen dazu.

DIE VIER SEELISCHEN GRUNDBEDÜRFNISSE DES MANNES

Im Laufe meiner beruflichen Entwicklung arbeitete ich unter anderem als Sozialpädagoge im »Betreuten Einzelwohnen« für Jugendliche. Dort habe ich junge Männer getroffen, die intelligent waren, die den Ehrgeiz besaßen, aus ihrem Leben etwas zu machen, und die die dafür nötige Unterstützung und Förderung vom Staat bekamen. Dennoch scheiterten immer wieder viele von ihnen. Lange Zeit konnte ich nicht verstehen, warum das so ist.

Eines Tages, nach einem vom Verlauf her üblichen Hilfeplangespräch auf dem Jugendamt, ging mir jedoch ein Licht auf.

In solchen Hilfeplangesprächen wird abgeklärt, ob weiterhin Geld zur Förderung des Jugendlichen zur Verfügung gestellt wird, und es werden Ziele erstellt, die der Jugendliche im Laufe des nächsten Jahres erreichen soll.

Diese Gespräche verlaufen immer nach demselben Schema. Es wird die »Funktionstüchtigkeit« des Jugendlichen abgeklopft. Fragen wie folgende stehen dabei im Vordergrund: Wie läuft es in der Schule, Ausbildung? Wie sieht dein Haushalt aus? Wie ist dein Umgang mit Geld? Wie gestaltest du deine Freizeit? Oft gar nicht oder erst gegen Ende des Gesprächs, als nette Verzierung sozusagen, taucht die Frage auf: Wie geht es eigentlich *dir*? Plötzlich habe ich verstanden, warum auch motivierte Jugendliche, die die nötige Förderung erhalten, oft scheitern.

Das Jugendamt als repräsentativer Vertreter unserer Gesellschaft interessiert sich nur für das Funktionieren und die damit erhoffte Integration der jungen Männer in unsere Gesellschaft. Sie sollen angepasst sein, einen Beruf erlernen, um funktionstüchtig ihren Part zu spielen, damit unsere Gesellschaft weiter bestehen kann. Daran ist auch nichts auszusetzen. Jede Gesellschaft muss auf die Jungen bauen können, damit es weitergeht.

Das Problem ist jedoch, dass die Gewichtung völlig einseitig ist. Wir kümmern uns im Übermaß um Wissensvermittlung, um ein Ertüchtigen auf der funktionalen Ebene. Kopf und Verstand werden in erster Linie angesprochen und gefördert. Dies bekommt eine übertriebene Wertigkeit, die häufig Ursache ist für viele Probleme von Männern in unserer Gesellschaft. Herz und Bauch kommen im Gegensatz dazu viel zu kurz. Würde man vom Durchschnittsmann ein Bild malen, dann hätte er einen riesigen aufgeblähten Kopf, an dem ein dünner Faden hängt, der den Körper, das Gefühl und die Seele repräsentiert. Begriffe wie Herzensbildung oder Förderung des Gemüts gelten bestenfalls als antiquiert oder kommen überhaupt nicht mehr vor. Als ich diese Disharmonie erkannte, war mir klar, warum auch die begabten, willigen jungen Männer trotz Förderung scheitern. Auf der Bedürfnisebene fühlen sie sich nicht gesehen, erkannt und gefördert. Unbewusst protestieren sie dagegen. Jugendliche sind darin radikaler als schon situierte erwachsene Männer.

Dennoch bin ich mir sicher, dass viele Brüche in der Karriere, dass Krankheiten oder Ehescheidungen ein unbewusstes Aufbegehren auch von schon erwachsenen Männern gegen die Vernachlässigung elementarer seelischer Grundbedürfnisse ist. Nachdem mir der Zusammenhang von Scheitern im Beruf, im Leben und das Negieren seelischer Grundbedürfnisse klar wurden, habe ich genauer untersucht, um welche Bedürfnisse es sich dabei handelt und welche Auswirkung ihre Erfüllung oder Nichterfüllung für uns Männer hat.

Bevor wir dies näher betrachten, möchte ich als Beispiel die Geschichte eines Mannes erzählen, der erst durch die »Manngeburt« in Kontakt gekommen ist mit seinen Sehnsüchten und ungelebten Seelenanteilen.

Im Käfig der Pflichterfüllung

Ein Architekt, Ende 30, fristete sein Dasein auf einem Bauamt. Er lebte in Trennung von seiner Lebensgefährtin und hatte wenige wirkliche Freunde, als ich ihn kennenlernte. Alles in seinem Leben schien auf Funktionieren und Aufgaben möglichst 1000%ig gut Erfüllen angelegt – ein liebenswerter Mann, der ganz eingeschlossen war im Käfig der Pflichterfüllung. Innere Kargheit stand ihm ins Gesicht geschrieben. Seine Freundin, die ihn mit solch irrationalen Zuständen wie Gefühlen und weiblichem Handeln konfrontierte, hatte er verlassen, obwohl er sie liebte. Sie kratzte zu stark an seinem scheinbar sicheren Kokon der Rationalität und löste Gefühle in ihm aus, die ihn ängstigten. Dieser Umstand wird deutlich in folgendem Tagebucheintrag vom 20.03.2007:

»Diese weiblichen Fallen sind tückisch. Sie sind überall und ich tappe immer wieder hinein. Ich mag es zwar wissen, vom Verstand her, aber immer wieder finde ich mich in ihrer Umklammerung.«

Außerdem war er sich seiner Bedürfnisse überhaupt nicht bewusst. Von Zeit zu Zeit überwältigten ihn unkontrollierte Wutanfälle. Er zerstörte dabei seinen Computer und entwickelte eine immer größere Abneigung gegen seine Arbeit. Durch den Prozess der Manngeburt wurden ihm erstmals seine wahren Bedürfnisse bewusst, er spürte seine Angst vor Nähe, erlebte seine Leb- und Freudlosigkeit und entdeckte den schöpferischen Teil in sich. Nach und nach erkannte er, wie karg sein Leben war und wie sehr er sich nach Kontakt, Nähe, Vitalität und Lebensfreude sehnte. Er stellte sich immer wieder die Sinnfrage und lernte, die Leere mit Inhalten zu füllen, die aus der Tiefe seiner Seele entsprangen. Sein meist düsterer, ernsthafter, nachdenklicher Gesichtsausdruck verwandelte sich im Laufe der Monate: Es gab zaghafte Momente der Aufhellung und wenn er heute lacht, geht die Sonne auf.

Sein Leben sieht inzwischen anders aus. Die Beziehung zu seiner Freundin hat er, trotz immer wiederkehrender Ängste von Unzulänglichkeit, wieder aufgenommen, ist ihr einige hundert Kilometer entgegengezogen und hat sich mit ihr verlobt. Seinen sicheren Bauamtsjob hat er gekündigt und eine Projektleitung übernommen, die ihn fordert, aber sein enormes kreatives und soziales Potenzial aktiviert. Seitdem sind auch die Wutanfälle nahezu verschwunden. Einige Zeit nach der Manngeburt schrieb er mir folgende Zeilen:

»ICH war es und ICH bin es, der gehört werden will: von mir!«

Dieses Beispiel zeigt, wie wesentlich es ist, dass wir uns klar werden, wie unsere Bedürfnisse auf der seelischen Ebene aussehen und dass wir uns um ihre Erfüllung kümmern müssen. Auf der Körperebene zweifeln wir keine Sekunde daran, uns um die Bedürfnisse des Körpers, wie Essen oder Schlafen, zu kümmern. Dass jedoch auch die Seele ein Bedürfnis-Wesen ist, das ist für viele von uns Männern neu.

Sich nicht um die Bedürfnisse der Seele zu kümmern, hat auf der Seelenebene ähnlich weitreichende Folgen wie dauerhafter Nahrungsentzug für den Körper.

Viele von uns sind – seelisch betrachtet – magersüchtig. Um dem Hungernden in uns wieder etwas Nahrung zu gönnen, wollen wir jetzt einen Blick auf die vier wesentlichen seelischen Grundbedürfnisse werfen. Sie lauten: Sinnsuche, Grenzen erfahren und überschreiten, den Platz in der Welt finden, echte Gemeinschaft erleben.

SINNFRAGEN STELLEN UND ANTWORTEN FINDEN

Wer bin ich?
Wo komme ich her?
Wo gehe ich hin?
Was ist meine Lebensaufgabe?
Gibt es eine Welt hinter der uns so wichtigen materiellen Welt?

Seit der Mensch sich seiner selbst bewusst ist, stellt er sich solche und ähnliche Fragen und uns alle bewegen sie irgendwann im Leben, mehr oder weniger intensiv. Wenn wieder einmal ein lieber Mensch zu Grabe getragen wird, wohl etwas mehr, um dann aber wieder hinter der Geschäftigkeit unseres Alltags zu verschwinden. Die Tatsache allerdings, dass diese Fragen ein Leben lang immer wieder auftauchen, belegt, dass es sich um grundlegende Fragen des menschlichen Daseins handelt. Welcher gut im Saft stehende, die nächste Sprosse der Karriereleiter im Blick habende Mann hat die Zeit und die Muße, sich diesen Fragen zu stellen? Da müssen Quartalszahlen erfüllt werden, zugleich gilt es wach zu bleiben, damit mögliche Konkurrenten einen nicht überholen, die Familie fordert Präsenz und Einsatz und dann wollen auch noch Freunde, gesellschaftliche Verpflichtungen und diverse Hobbys gepflegt sein. Zeiten der Stille, des Innehaltens, der Muße, des Dösens, des einfachen schlichten Daseins sind wahrer Luxus und allenfalls im Urlaub am Strand ansatzweise erlaubt. Zu sehr würde die Rastlosigkeit spürbar. Inhaltsarme Identifikationen und unangenehme Leere würden sich bedrohlich zeigen.

Also treibt man sich weiter durchs Leben atemlos, ruhelos, sich mit allem Möglichen betäubend. Und doch sitzt Du, lieber Leser, hier mit dem Buch in der Hand.

Für die Wahrheit durchs Feuer gehen

Es gibt ihn also noch, den Jugendlichen in Dir, der sich nicht mit Oberflächlichkeiten zufrieden geben wollte. Der bereit war, für die Wahrheit durchs Feuer zu gehen. Der es darauf ankommen lassen wollte, der sich vielleicht sogar mithilfe von Drogen Antwort auf die grundlegendsten Fragen des Lebens erhoffte. Den jungen Mann in Dir, der sich die Nacht im Wald um die Ohren geschlagen hat, weil er nur in der Natur spüren konnte, worauf es im Leben wirklich ankommt. Dem jungen Mann, der sich mit seinen Freunden die Tage und Nächte den Mund fusslig philosophierte, zutiefst davon überzeugt, den Schlüssel fürs Leben gefunden zu haben, oder der ratlos und verstört war, ob der Ignoranz der Erwachsenenwelt.

Im Laufe des menschlichen Lebens gibt es sensible Entwicklungsphasen, in denen diese zentralen Lebensfragen erhebliche Relevanz besitzen und wichtiger werden können als alles andere auf der Welt.

Die Pubertät ist so eine Phase. Damals warst Du bereit, den Dingen wirklich auf den Grund zu gehen. Diese Zeit war verwirrend, manchmal vielleicht sogar bedrohlich für Dein Leben, aber später warst Du nicht annähernd mehr so intensiv und nah am Leben wie damals. Leider gab und gibt es kaum Vorbilder, die uns zeigen oder gar vorleben konnten, wie wir Antworten auf unsere Lebensfragen aus unserem Innersten schöpfen können. Zwar gab es einen Nelson Mandela, einen Mahatma Gandhi, die man aus der Ferne bewundern konnte, aber wo war der initiierte Mann in unserem Umfeld, der uns aus der Verbindung zu seiner Seelentiefe einführte und den Weg ebnete, zu unserer ureigensten inneren Weisheit, zu dem weisen Alten in uns?

Dieses Brachland wurde leider viel zu selten mit den Wassern der Einsicht, der Güte und der liebevollen Strenge getränkt. Die wenigen Tropfen an weiser Führung, die es ab und an gab, verdunsteten unter der heißen Sonne, genannt Wissensanhäufung, Konkurrenz, Regeln und Gesetze. Und all das, damit wir dazugehören durften. Heute schlummert dieser lebensdurstige, nach Erkenntnis hungernde junge Mann in Dir, darauf wartend, dass er endlich wieder zum Leben erweckt wird.

Manchmal in der Natur oder in einem glücklichen Moment, in dem Du Deiner Frau im Geschlechtsakt wirklich begegnest oder wenn Dich Dein spielendes Kind – jenseits allen Denkens – tief im Herzen berührt, dann ahnst Du ihn, den wilden Burschen von einst, der sich auch dem Teufel gestellt hätte, wenn er von ihm nur erfahren hätte, worum es wirklich geht im Leben. Diesen ungebändigten kompromisslosen Sucher in Dir gilt es wieder zu beleben. Er ist das Salz in der Suppe des menschlichen Daseins. Er ist es, der Dich zu einem fühlenden, mitfühlenden in allen Zellen vibrierenden Mann macht, der Dich spüren lässt, dass Du zutiefst verbunden bist mit der Quelle des Lebens und den Wesen und Menschen, die Dich umgeben. Aus dieser Quelle speist sich Weitsicht, Achtung, Wertschätzung und Menschlichkeit. In Zeiten in denen nach IQ und EQ mehr denn je SQ (Soziale Intelligenz) gefordert ist, muss dieser offene, suchende Jugendliche in Dir endlich reanimiert werden. Ich möchte Dich, Mann, einladen, dem Jugendlichen in Dir wieder Leben einzuhauchen. Folgende Übung kann ein erster Wiederbelebungsversuch sein. Begib Dich auf eine sogenannte »Medizinwanderung«.

Übung: Die Medizinwanderung

Eine *Medizinwanderung* ist ein wunderbares Instrument, um Zugang zum nicht-rationalen Teil unseres Daseins zu bekommen. Es handelt sich dabei um eine ritualisierte Form des sich Bewegens in der Natur. Der Begriff stammt aus dem Indianischen. Bei vielen Lebensfragen oder zur Vorbereitung auf eine besondere Zeremonie, wie dem Sonnentanz oder einer Visionssuche, wenden die nordamerikanischen Indianer diese *Medizinwanderung* an. Dabei wird beim ritualisierten Gehen die Antwort, also die Medizin, für die offene Frage oder die Lösung für ein Problem gefunden.

Wichtig beim Ritual der *Medizinwanderung* ist, dass es einen klaren Rahmen gibt und dass dabei gefastet wird (siehe Abschnitt 1–3 im Kapitel »Die Bedeutung des Rituals für die Initiation des Mannes«, S. 137–152).

Die *Medizinwanderung* beginnt mit dem Schritt über die Schwelle und endet mit einem Schritt über die Schwelle zurück. Die Schwelle kann ein kleiner Ast oder eine Wegmarkierung sein. Wichtig ist nur, dass der Schritt bewusst über diese Schwelle vollzogen wird, sowohl zu Beginn als auch am Ende. Damit *betrittst* Du den rituellen Raum und *verlässt* ihn wieder.

Inhaltlich musst Du, bevor Du die *Medizinwanderung* antrittst, für Dich möglichst einfach, klar und deutlich formulieren, wofür Du gehst. Ich selbst beispielsweise habe das Schreiben dieses Buches mit einer *Medizinwanderung* begonnen. Mein Bestimmungssatz lautete: »Ich beginne das Manngeburt-Buch.«

Mir fiel es sehr schwer, einen Anfang zu finden. Also holte ich mir Unterstützung durch das Ritual der Medizinwanderung. Danach hatte sich das Aufgewühlte, Unruhige und Verängstigte in mir beruhigt. Auf einmal war ich vertrauensvoll, ruhig und klar und konnte dann bald mit dem Schreiben beginnen. Die Kraft der *Medizinwanderung* trägt mich jetzt weiter durch diesen manchmal nicht einfachen Prozess des Schreibens.

Nun zurück zu Deiner Wanderung. Kläre für Dich Deine Bestimmung, Deine Motivation, Deine Frage, wofür Du gehen möchtest. Wenn Du sie gefunden hast, sprich sie laut, möglichst vor einem Zeugen aus.

Dann begib Dich zu einem menschenleeren Platz in der Natur. Gehe dort über die Schwelle und sei einfach unterwegs. Es geht nicht darum, dass Du schnell gehst oder viele Kilometer schaffst. Du kannst Pausen einlegen. Es ist nur wichtig, dass Du immer weitergehst. Auf Deiner Wanderung wirst Du alles Mögliche erleben. In Dir, Gefühle und Gedanken, und außerhalb von Dir, in Form von Begegnungen mit Pflanzen, Tieren, Menschen. Versuche offen für alles zu bleiben. Werte und urteile nicht und vor allem, versuche nicht zu interpretieren, was dies oder jenes in Bezug auf Deine Frage oder Motivation für Dich bedeuten könnte. Manchmal hat man jedoch kleine Erkenntnisse und Erleuchtungen. Diese solltest Du in Dein Notizbuch schreiben, ebenso wie Träume, falls Du ein Nickerchen zwischendurch machst.

Im Gepäck hast Du nur genügend Wasser, die nötige Kleidung für jede Witterung und ein Stück Traubenzucker, falls körperliche Probleme auftreten durchs Fasten. Fasten verstärkt den Prozess der Klärung.

Sich auf diese Weise in der Natur zu bewegen, bringt Dich in Kontakt mit der Geistigkeit der Natur und öffnet für Erkenntnisse, die uns normalerweise verschlossen bleiben.

Wenn Du Deine Wanderung über die Schwelle zurück beendet hast, erzählst Du einem Menschen Deines Vertrauens die Geschichte Deiner Wanderung.

Erzähle Deine Geschichte

Auch Folgendes geschieht im Rahmen eines Rituals: Lege mit dem Menschen Deines Vertrauens Zeit, Ort und Dauer für das Erzählritual fest.

Anfang und Ende gestaltet ihr wieder durch eine symbolische Handlung, wie das Schlagen einer Klangschale oder auch nur durch den Satz: »Jetzt beginnt es!«

Im rituellen Erzählraum solltet ihr ebenso wie auf der Wanderung nicht gestört werden, beispielsweise durch Handyklingeln.

Jetzt erzählst Du die Geschichte Deiner Wanderung Deinem Zuhörer. Er oder Sie lässt die Geschichte auf sich wirken. Der Zuhörer achtet dabei auf Gefühle, Emotionen, die bei ihm an verschiedenen Stellen Deiner Geschichte auftauchen. Vielleicht hat er körperliche Reaktionen während Du erzählst oder vielleicht fühlt er sich durch Deine Geschichte an etwas in seinem Leben erinnert. Es geht dabei nicht um eine Interpretation oder Analyse Deiner Geschichte. Dein Zuhörer sollte vielmehr ein möglichst klarer Spiegel sein, also Dir Deine Geschichte in seinen eigenen Worten wiedergeben. Dabei erzählt er auch von seinen Empfindungen, die er beim Hören Deiner Geschichte hatte.

Diese Art des Erzählens, Wiedererzählens und Spiegelns enthüllt im günstigsten Fall das tiefe Geheimnis Deiner Wanderung. Somit kann sich die »Medizin« in den Bereich, für den Du gegangen bist, auswirken. Mit etwas Erfahrung lässt sich anhand dieser Methode Antwort auf jede Lebensfrage finden. Es braucht dafür keinerlei Vorerfahrung, aber die Bereitschaft, den Kopf, den alles beherrschenden Verstand, hintenanzustellen und sich in aller Offenheit auf die erzählte Geschichte einzulassen. Wenn dies geschieht, wird die Geschichte sowohl für den Erzähler als auch für den Zuhörer ein Geschenk und zum Instrumentarium tiefer Erkenntnis, die dauerhaft und nachhaltig Wirkung im Leben zeigt.

Seit meiner *Medizinwanderung* für das Buch begebe ich mich vertrauensvoll in den Akt des Schreibens, obwohl eine psychologische Praxis und meine Familie ihre berechtigte Aufmerksamkeit fordern und der Verlag eine Abgabefrist gesetzt hat.

Vor der *Medizinwanderung* erlebte ich aufgrund dieser Umstände einen enormen Druck, der mir das Schreiben verunmöglichte. Seit der Wanderung gibt es eine tiefe Gewissheit in mir, dass sich alles zu seiner Zeit, ganz selbstverständlich und natürlich fügen wird. Das neu gewonnene Vertrauen hilft in den Fluss zu kommen und dadurch wird leicht, was vorher schwer aussah.

Trost

**Wenn ich traurig bin und den Kopf hängen lasse
und alles so sein darf, wie es ist,
dann tut es erstmal noch mehr weh,
aber plötzlich irgendwann
– ganz unten –
am tiefsten Punkt
dreht sich etwas um
und es wird leicht, was schwer war,
und es wird stark, was schwach war.**

**Wenn ich das nicht wieder vergesse,
dann wird es für mich immer
einen Weg geben.**

Stefan Wolff

GRENZEN ERFAHREN UND ÜBERSCHREITEN

S-Bahnsurfen, Bungee-Jumping, Icefall-Climbing sind beliebte, gefährliche, manchmal auch lebensbedrohliche, zum Teil illegale Trendsportarten junger Männer. Es geht um den letzten Kick, ums Überwinden innerer und äußerer Grenzen. Nicht selten wird dabei das eigene und das Leben Anderer riskiert, und manchmal führt dieses Risiko auch zum Tod.

Was steckt hinter diesem Kitzel, der Gefahr zu begegnen?

Ist es eine verborgene Todessehnsucht oder sind wir inzwischen so abgestumpft, dass wir uns nur noch an der Schwelle zum Tod spüren?

Vielleicht bewahrheiten sich im einen oder anderen Fall diese Vermutungen, aber bei pubertierenden Jugendlichen bin ich der Überzeugung, gibt es noch einen weiteren, schwerwiegenderen Beweggrund. Es geht dabei um Entwicklung und Wachstum. Entwicklung und Wachstum ist ein Grundgesetz des Lebens. Keine Entwicklung bedeutet kein Wachstum. Das ist gleichbedeutend mit Stagnation, Stillstand und Tod. In sämtlichen Lebensbereichen ist dies zu beobachten. Die Apfelblüte bleibt nicht im Stadium der Blüte, sie entwickelt sich zur Frucht, zum Apfel. Ich kann nicht ein Leben lang das abhängige Kind meiner Mutter sein, irgendwann muss ich in der Lage sein, für mich selbst zu sorgen.

Wenn wir die Natur betrachten, können wir beobachten, wie Entwicklung und Wachstum geschieht. Immer muss in einem solchen Wachstumsprozess die Grenze des Bekannten und Gewohnten überschritten werden. Das bedeutet Aufbruch in Neuland, in unbekanntes Terrain und Ungewissheit. Am besten lässt sich das Überwinden von Altem und Bekanntem bei der Verwandlung der

Raupe zu einem Schmetterling beobachten. Die Raupe verpuppt sich und innerhalb der Puppe löst sich die Raupe vollständig in Flüssigkeit auf, um sich daraus zu einem Schmetterling zu entwickeln. Von der ursprünglichen Raupe bleibt nichts mehr übrig und doch war sie die Grundlage für den späteren Schmetterling. Was hat nun dieses Beispiel mit einem S-Bahn-surfenden Jugendlichen oder einem drachenfliegenden Mann zu tun?

Sehr viel!

Auch der Jugendliche spürt in seiner Seele und seinem Körper, dass eine Veränderung in ihm vorgeht. Er spürt das Verlangen, die eigenen inneren und äußeren Grenzen zu fühlen, sie zu überwinden und zu erweitern. Dieser Zustand ist höchst natürlich und selbstverständlich. Auf der Suche nach den eigenen Grenzen gibt dieser junge Mann nur dem Drängen des Lebens nach Wachstum und Entwicklung nach. Allerdings sind dies nicht wirklich attraktive Angebote, in denen Männer ihre inneren wie äußeren Grenzen erfahren und überwinden können. Sie erfüllen zwar das Kriterium der Wachstums- und Reifungserfahrung, jedoch der geistig-sinnhafte Aspekt im Erleben fehlt. Sie bieten meist nur den Nervenkitzel der Grenze, nicht aber die geistige Erkenntnis, die zu so einem Reifeprozess gehört.

Daher bleiben viele Männer in der suchthaften Wiederholung der Grenzerfahrung stecken. Sie vollziehen den vom Leben angestrebten Entwicklungsschritt nicht wirklich. Immer wieder suchen sie die Erfüllung des Grundbedürfnisses nach Grenzüberschreitung: Extremsportarten aller Art, übermäßiges Fasten, Körperpiercing oder gewagte Autofahrten nach einem Discobesuch. Ich bin überzeugt, dass viele der tödlichen Autounfälle junger Männer nichts anderes sind als der misslungene Versuch, die eigenen Grenzen zu überschreiten.

Also geht es auch hier darum, Räume und Orte zu schaffen, die es Männern ermöglicht, ihre Grenzen zu erfahren und erweitern zu können, ohne sich und Andere zu gefährden und zugleich muss die Möglichkeit gegeben sein, dass diese Erfahrung ganzheitlich ist, die zum Wachstum von Körper, Geist und Seele führt. Nicht nur junge Männer, auch erwachsene Männer spüren den Lebensdrang der Grenzüberschreitung in sich. Das Leben will sich entfalten und in seiner ganzen puren Kraft gelebt sein.

Das Leben ist eine Schule

Durch Erziehung, kulturelle Prägung und schmerzhafte Vorerfahrungen haben wir verlernt, die anstehenden Entwicklungsschritte zu vollziehen und uns dem Fluss des Lebens zu übergeben, der uns manches Mal an die Ufer unserer eigenen inneren und äußeren Grenzen spült – oft in einer Heftigkeit, dass wir daran zu zerbrechen drohen. Damit wir uns aus dem schön eingerichteten Kokon des Eigenheims, des sicher scheinenden Berufs, einer wohlig-bequemen, aber leblosen Beziehung lösen, muss das Leben schwere Geschütze auffahren. Krankheit, Unfall, Verlust einer Liebe, solche oder ähnliche Katastrophen sind häufig nötig, damit wir anfangen, uns auf den Weg zu machen und Schritte zu gehen, die schon seit Jahren anstehen und penetrant von uns ignoriert wurden. Manch einer von uns rennt lieber jeden Tag 10 Kilometer und mehr, damit er seine Angst, seine Wut, seinen Schmerz vor dem anstehenden inneren Schritt nicht spüren und in der Folge nicht handeln muss.

Das Leben ist eine Schule. Wie jede Schule hat es den Anspruch, dass der Schüler klüger und weiser geht, als er gekommen ist. Auf dem Weg liegen Prüfungen, die dem Wachstum und der Reifung dienen. Wer die Prüfungen schwänzt oder sie nicht besteht, dem droht die Wiederholung. Auf der seelischen Ebene geht es ums Wachsen, Reifen, Vollständiger-Werden. Die Seele interessiert es nicht, wie viel Geld, Besitz, Wissen und Macht wir im Laufe unseres Lebens angehäuft haben. Sie will vielmehr erfahren, wie sehr wir im Einklang mit den universellen Gesetzmäßigkeiten des Lebens sind. Ob mein Handeln und Leben danach ausgerichtet ist, in Harmonie mit mir selbst und meinen Mitmenschen zu leben, wie maßvoll und weitsichtig ich mit meinen und unseren Ressourcen umgehe, ob mein Tun dem Wohle aller dient, ich meine Talente, Qualitäten und Fähigkeiten dafür einsetze, dass Freude, Leichtigkeit und Wohlstand für alle entsteht.

Eine Grenze gibt es nun oftmals zwischen dem, was meine Seele möchte, und dem was ich bzw. mein Ego möchte. Diese Grenze bewusst zu spüren und zu überwinden, ist ein Akt des Reifens und Wachsens. Auch wenn es uns nicht bewusst ist, ist es die tiefste Sehnsucht des Lebens, diesem Ruf zu folgen. Leider gibt es in unserer Kultur keine Schule, die uns lehrt, wie wir auf gesunde Weise diesem Drang gerecht werden können. Wir wurden als junge Männer mit unserer Sehnsucht, die eigenen Grenzen zu überwinden, allein gelassen und lassen daher heute auch die Generation junger Männer nach uns im Stich. Häufig bleibt dann nur der eigene, meist klägliche Versuch, diese Aufgabe selbst zu bewältigen.

Ich habe dabei einen Freund durch Selbstmord verloren und einige an die so verlockende Schwellenbegleiterin Droge. Wer weiß, wie viele Herzinfarkte, Krebsgeschwüre, Unfälle, Amokläufe, Selbstmorde nichts anderes sind als fehlgeleitete Versuche, die eigenen Fesseln zu sprengen. In traditionellen Kulturen gibt es rituelle Formen der Grenzüberschreitung. Erwachsene reife Männer, die durch einen Initiationsprozess ihre Grenzen überwunden und dadurch Weisheit, Tiefe, Liebe, Kraft und Mitgefühl erlangt haben, führen junge Männer durch so einen Reifungsprozess. Durch den Rahmen und das Feld des Rituals ist gewährleistet, dass die jungen Männer an ihre persönliche Schwelle gehen und sie überschreiten können, ohne dass ernsthaft Gefahr für Leib und Seele des Betreffenden oder einen anderen in der Gemeinschaft besteht.

Hierzu das Beispiel eines jungen Mannes aus meiner Praxis:

Neuer Umgang mit Aggression – Ein Vision-Quest-Erlebnis

Eines Tages kam ein junger Mann von 18 Jahren zu mir und bat darum, an einer *Vision-Quest* teilnehmen zu dürfen. Angesprochen auf seine Motivation meinte er, dass er einen besseren Umgang mit seiner Aggression lernen möchte. Bisher handhabte er seine Wut so, dass er von Zeit zu Zeit mit Freunden loszog, um sich mit einem Baseballschläger bewaffnet mit anderen Jugendlichen zu prügeln. Ihm war ernsthaft daran gelegen, etwas an diesem Verhalten zu ändern. Deshalb habe ich ihn in den Böhmerwald nach Tschechien zur Visionssuche mitgenommen.

Er durchlief das übliche Vorbereitungsprogramm, unauffällig wie alle anderen Teilnehmer. Am Ende der Vorbereitungszeit kommt die »Platzsuche«. Die Teilnehmer begeben sich auf die Suche nach dem Platz, an dem sie mehrere Tage und Nächte allein und fastend ihre Zeit verbringen werden. Nachdem sie ihren Platz gefunden haben, kommen sie zurück und sagen uns, wo er ist, damit wir sie im Notfall finden. Der junge Mann begab sich also auf Platzsuche. Schon nach kurzer Zeit hatte er »seinen« Platz gefunden. Er setzte sich unter einen Baum, glücklich darüber, dass er so unkompliziert seinen Platz gefunden hatte. Plötzlich krachte es über ihm und noch ehe er reagieren konnte, fiel ihm ein Ast auf den Kopf. Die Parallele zum Baseballschläger, den er den Leuten auf den Kopf schlug, ist offensichtlich. Er wurde durch den Schlag für einen Moment bewusstlos. Als er wieder zu sich kam, bekam er einen heftigen Wutanfall und schlug auf den Ast ein. Nachdem die Wut verraucht war, verspürte er starke Kopfschmerzen. Außerdem blutete er aus einer Kopfwunde. Er kam zurück ins Basislager und nachdem er alles erzählt hatte, beschlossen wir – gegen seinen heftigen Widerstand – ihn zur Untersuchung ins nächste Krankenhaus zu fahren. Noch während der Fahrt schimpfte er, dass er unter keinen Umständen in ein Krankenhaus gehe. Als wir dort ankamen, warteten am Empfang zwei bildhübsche, junge tschechische Krankenschwestern, die sich sehr liebevoll um ihn kümmerten. Das ließ offensichtlich schon viel von seinem Widerstand schmelzen. Hinzu kam ein äußerst freundlicher Arzt, der ausgezeichnet deutsch sprach. Als klar war, dass der junge Mann zur Beobachtung zwei Tage bleiben musste, fand sich in seinem Krankenzimmer auch noch eine sympathische ältere Frau, die ihn mit Zigaretten der Marke »Petra« versorgte. Die sehr angenehmen Umstände führten dazu, dass er gern blieb.

Ich besuchte ihn täglich und er schien förmlich aufzublühen. Am dritten Tag holte ich ihn dann vom Krankenhaus ab und brachte ihn zurück ins Basislager. Auf seinen Wunsch hin ging er dann noch für einen Nachmittag und eine Nacht hinaus an »seinen« Platz, um seine Visionssuche zu vollenden. Dazu muss ich erwähnen, dass in der letzten Nacht »draußen« durchgewacht wird und dabei noch einmal in komprimierter Form alle Themen der *Quest* innerlich durchlebt werden.

Am nächsten Morgen kam er strahlend zurück mit einem riesigen, selbst gebastelten Segelschiff aus Gras im Gepäck. In der Gesprächsrunde erzählte er dann, dass dieses Schiff symbolisch für seine zarten und weichen Gefühle stehe, die er bisher immer unter der rauen Schale eines Machos versteckt habe. Er habe während der Zeit im Krankenhaus und in der Wachnacht im Freien erkannt, wie er anders mit seiner Wut und Aggression umgehen könne. Statt seine Energie in sinnlosen Prügeleien zu verpulvern, wolle er eine Ausbildung zum Maler und Lackierer machen, der beste seiner Stadt werden und damit viel Geld verdienen.

Diese Erkenntnis kam aus ihm, ohne irgendeine Beeinflussung im Sinne von: »Das ist gut für dich.« Um es kurz zu machen: Er hat diese Erkenntnis zu 100% umgesetzt, eine Malerlehre begonnen und arbeitet heute erfolgreich im eigenen Unternehmen.

So weit mir bekannt ist, hat er niemanden mehr verprügelt.

Wahrscheinlich fragt sich jetzt mancher, wie so ein grundlegender Wandel in derart kurzer Zeit möglich ist. Wenn ich den Hintergrund beleuchte, dann wird der Reifungsprozess verständlich.

Hintergrundgeschichte zum Vision-Quest-Erlebnis

Der junge Mann war eine Frühgeburt. Seinen Vater hat er nie kennengelernt, seine Mutter war Alkoholikerin und im ersten Lebensjahr nicht in der Lage, sich um das Kind zu kümmern. Deshalb verbrachte er die ersten Wochen im Brutkasten und die ersten neun Lebensmonate im Krankenhaus. Bis zu seinem 18. Lebensjahr war er jedes Jahr mindestens einmal im Krankenhaus, weil er sich eine Verletzung oder eine Krankheit zugezogen hatte. Dieser Start ins Leben und die Folgejahre führten dazu, dass das Krankenhaus der verhassteste Ort für ihn war, den es gab.

Als er sich nun auf den Weg begab, um seine Wut und Aggression zu verwandeln, landete er wieder im Krankenhaus, dort, wo die Gefühle, die er ablegen wollte, in frühester Kindheit ihren Anfang genommen hatten. Natürlich wollte er unter keinen Umständen ins Krankenhaus. Die Kraft des Rituals hat ihn nun aber genau dahin geführt. Diesmal jedoch war das Krankenhaus kein lebensfeindlicher Ort, sondern ein Ort der Wärme, der Fürsorge, des Verstehens. Sogar seine für ihn so wichtigen Zigaretten bekommt er und zwar von einer Frau im Alter seiner Mutter und mit dem Markennamen »Petra« – dem Namen seiner Mutter. Stellvertretend für die damals abwesende Mutterbrust sorgte das Ritual bis ins letzte Detail für die nötigen Zutaten, damit Heilung auf einer ganz tiefen Ebene geschehen konnte.

Obwohl das Ritual auf den ersten Blick als gescheitert gelten konnte, wurde es wirksam. Nicht dort, wo es ursprünglich geplant war, sondern an dem Ort, den das Unbewusste (oder war es das Überbewusste?) des jungen Mannes für seine Transformation gewählt hatte. Genialer und stimmiger hätte es sich kein Therapeut der Welt ausdenken können. Die Kraft des Rituals hatte für die optimalen Bedingungen gesorgt. Vor diesem Hintergrund ist es vermutlich einfach nachzuvollziehen, wie dem jungen Mann ein so grundlegender Wandel seines Lebens gelungen ist. Mithilfe des Initiationsrituals und durch liebevoll strenge Begleitung war es ihm möglich, das ewig gleiche Muster, »Gewalt«, zu überwinden, seine persönliche Grenze, an die er wieder und wieder stieß. Der amerikanische Therapeut, Mythenforscher und Ethnologe Michael Mead schreibt hierzu: »Initiatorische Erfahrungen besiedeln den selben tiefen seelischen Bereich wie Geburt und Tod.«[1]

Nie werde ich vergessen, wie ich bei meiner eigenen Visionssuche vor vielen Jahren die zeremonielle Schwelle überschritt, um für vier Tage hinaus in die Steinwüste der Rocky Mountains zu gehen. Nur Wasser, Schlafsack und Isomatte hatte ich im Gepäck und als Weggefährten Pumas, Klapperschlangen und Taranteln. Als zivilisiertes Stadtkind war ich unmittelbar mit sämtlichen Urängsten konfrontiert. Nie zuvor hatte ich eine solche Angst, fühlte mich so einsam und verlassen und so hilflos und unsicher wie in diesem Moment. Nie zuvor spürte ich zugleich einen so starken drängenden Lebensimpuls voranzuschreiten und den Weg zu Ende zu gehen. Theoretisch hätte ich jederzeit umkehren können, aber das kam trotz aller Ängste nicht in Frage. In diesem Moment hatte dies absolut nichts mit Mut zu tun. Mut brauchte ich, um mich für die Initiation der Visionssuche zu entscheiden, aber zu dem Zeitpunkt der Grenzüberschreitung empfand ich keinen Mut. Da war einfach nur ein alles überstrahlender Lebensimpuls, der mich vorwärts gehen ließ. Dieser Impuls war stärker als all meine Ängste und Gefühle zusammen. Er war auch stärker als mein Verstand. Der jaulte

---

1 Michael Mead: Die Männer und das Wasser des Lebens, S.25

nämlich fürchterlich und bombadierte mich mit zersetzenden Gedanken wie folgende: »Du bist doch verrückt! Begibst dich hier in unwägbare Gefahren, hungerst und zahlst auch noch einen Batzen Geld dafür, das du eigentlich gar nicht hast!«

Die Sehnsucht, auszubrechen aus meinem inneren Gefängnis von nicht gelebtem Leben und nicht gelebtem Potenzial war größer als jede Angst und vermeintliche Vernunft. Damals, mit meinen ersten unsicheren Schritten in die Wüste hinein, überwand ich zum ersten Mal bewusst die Grenzen meines kleinen Ichs und legte eine erste Spur für diesen heutigen Mann, Stefan. Damals vor mehr als 16 Jahren wurde durch diese Grenzüberschreitung der Grundstein gelegt für das, was sich jetzt in diesem Buch manifestiert. Herauszufinden, was Deine momentane persönliche Grenze ist, und einen kleinen Schritt zu deren Überwindung zu tun, ist nun die Aufgabe in der nächsten Selbsterfahrungsübung.

Übung: Das Verbrennungsritual

Vergegenwärtige Dir eine Situation in Deinem Leben, in der Du Dich seit Längerem nicht mehr wohlfühlst, oder eine Eigenschaft, die Du noch immer lebst, die aber längst nicht mehr zu Dir gehört. Nimm Dir Zeit und gestalte einen rituellen Rahmen, in dem Du ungestört bist.

Besorge Dir einen Malblock und Buntstifte. Bestimme wieder klar den Beginn des Rituals, indem Du durch eine bestimmte Handlung (Kerze anzünden, Glockenzeichen) den rituellen Raum öffnest. Jetzt male die Situation oder die Eigenschaft auf das Papier. Beobachte dabei Deine Gefühle und Gedanken während des Malens. Wenn Du fertig bist, schaue Dir Dein Bild an und überlege Dir, wofür die Situation oder die Eigenschaft bisher gut war, welche Funktion sie hatte. Beispielsweise könnte jemand sich selbst gemalt haben, wie er permanent im Stress durchs Leben rennt. Dann wäre die richtige Frage: »Wozu *dient* mir der Stress?« Eine mögliche Antwort könnte sein: »Der Stress *dient* mir, damit ich nicht zur Ruhe komme und dadurch brauche ich meine wirklichen Gefühle nicht zu spüren.« Der Satz für das *Verbrennungsritual* wäre dann folgender: »Ich verabschiede mich vom Stress. Ich bedanke mich beim Stress, dass er mir bisher geholfen hat, meine wahren Gefühle nicht spüren zu müssen. Jetzt übergebe ich ihn der transformierenden Kraft des Feuers.«

Es geht also darum, dass Du für Dich selbst möglichst präzise herausarbeitest, wofür das, wovon Du Dich verabschieden möchtest, gut war. Wenn Du Deinen Satz für das *Verbrennungsritual* hast, kannst Du das Gemälde verbrennen, indem Du Deinen Satz laut aussprichst. Das Ritual bekommt mehr Kraft, wenn Du einen oder mehrere Zeugen für Deine Verbrennungszeremonie hast. Durch dieses Ritual triffst Du auf einer tiefen inneren Ebene eine bewusste Entscheidung der Grenzüberschreitung. Hier wird ein Seelenimpuls gesetzt, der dann in Dir die entsprechenden Schichten freilegt, damit Neues zum Vorschein kommen kann. Auch das Ende des Rituals sollte durch eine Handlung (Kerze ausblasen, Glocke schlagen) klar gekennzeichnet werden.

SEINEN PLATZ IN DER WELT FINDEN

Wie viele »erwachsene Männer« gibt es, die bis heute IHREN Platz in der Welt noch nicht gefunden haben. Viele haben zwar einen Platz eingenommen, was aber noch lange nicht bedeutet, dass dieser Platz wirklich ihrer ist. Oftmals übernehmen wir einen Platz, weil er uns zugewiesen wurde aus Familientradition, weil sich zum Beispiel der Vater wünscht, dass man die erfolgreiche Firma übernimmt. Der gehorsame Sohn lernt den gleichen Beruf, ohne groß zu überlegen, ob das wirklich seinem Talent und Wunsch entspricht. Vielleicht spürt er auch, dass diese Spur am Eigentlichen vorbeiführt, aber aus Angst vor Konflikten beugt er sich dem Wunsch und irgendwann fühlt es sich so an, als wäre der Wille des Vaters identisch mit seinem eigenen Wunsch. Wenn da nicht die immer wiederkehrenden irrationalen Ängste vor Vergiftung wären, wenn da nicht immer wieder diese brennende Sehnsucht aufkeimte, auszubrechen und etwas ganz anderes tun zu wollen. Irgendwann Mitte 40, wenn das Leben trotz Familie, eigenem Haus und Erfolg im Beruf nur noch überwiegend trostlos erscheint, macht er sich auf die Suche und landet bei einem Therapeuten, der ihm so etwas Verrücktes wie eine Manngeburt vorschlägt.

Die Begründung des Therapeuten ist, dass er seinen Platz in der Welt noch nicht wirklich gefunden hat. Mit anderen Worten könnte man auch sagen, dass er seiner wirklichen Bestimmung noch nicht auf die Spur gekommen ist. Seine zwanghaften Ängste haben nichts mit einer neurotischen Persönlichkeitsstruktur zu tun, sondern damit, dass er einen Entwicklungsschritt der Jugendzeit noch nicht vollzogen hat.

Ein wesentliches Grundbedürfnis der Seele ist es, ihrer eigentlichen Bestimmung zu folgen. Sie setzt in sensiblen Zeiten wie z.B. der Adoleszenz oder der Lebensphase zwischen 40 und 50 deutliche Signale; sie zeigt, wonach sie sich sehnt. Werden diese Signale gehört und folgen wir ihrem Ruf, dann fühlen wir uns ganz, gesund und harmonisch. Hören wir nicht auf diesen Ruf, zwingen wir die Seele, deutlichere Signale zu setzen, was sich dann durch irrationale Ängste, psychosomatische Krankheiten, Unfälle oder völlig altersunangemessene Verhaltensweisen äußern kann.

Midlife-Crisis ist eine Erfindung unserer Kultur

Der Begriff »Midlife-Crisis« ist eine Erfindung unserer Kultur und bedeutet nichts anderes als einen Versuch der Seele, dem Ich deutlich zu machen, dass ein Entwicklungsschritt nicht vollzogen ist. Wird dieser laute Ruf gehört, dann gibt es die Chance, diesen Schritt nachzuholen. In unserem Beispiel könnte unser Mann, der bis dahin nur dem Wunsch des Vaters folgte, seine Nabelschnur durchtrennen, sich auf die Suche nach dem eigenen Platz in der Welt begeben und ihn einnehmen. Hindurchgegangen durch seine Schuldgefühle und Ängste wird er die alles durchdringende Kraft spüren, die ihm auf seinem ihm zugedachten Platz in der Welt zufließt.

Dieses Beispiel zeigt, wie viele Jahre vergeudet werden können, wenn ein wesentlicher Entwicklungsschritt der Pubertät nicht vollzogen wurde.

Die Suche nach dem roten Faden

Jugendliche werden heute überschwemmt mit einer Fülle an Möglichkeiten in dieser globalen Welt. Noch nie waren wir so frei, so ungebunden und hatten so viele Möglichkeiten, das eigene Leben zu gestalten. Und noch nie gab es so viel Orientierungslosigkeit. Wo ist der rote Faden, der hindurchführt durch den Dschungel der Möglichkeiten? Kaum habe ich mich auf den Weg in eine Richtung begeben, lockt ein mindestens genauso interessantes Angebot in der anderen Richtung. Die Fülle an Meinungen, mit denen uns die Medien bombardieren, tragen auch nicht gerade zur Klarheit bei. Ganz zu schweigen von dem schon erwähnten nicht zu unterschätzenden Konflikt zwischen meinem Weg und dem, den die Eltern für mich sehen.

Lieber Leser, wenn Du Dich nun für einen Moment in den Gemütszustand eines jungen Menschen hineinfühlst, kannst Du spüren, welch heilloses Durcheinander da in manchem Kopf, Herz und Bauch stattfinden muss.

Was bei all den Angeboten jedoch gänzlich fehlt, ist ein Ort der Ruhe und Besinnung, der mir als jungem Mann Raum und Chance bietet, diese sanfte Stimme meines Herzens zu hören, die mir den Weg weist im Chaos des modernen Lebens. Die Stimme, die mir sagt, was wirklich wichtig ist für mich, für niemanden sonst, ganz für mich allein. Die Stimme, die mich an den geheimen Ort meines Innersten lockt, von wo mir immense Kraft, Zuversicht, Leichtigkeit und Lebensfreude zufließen. Die Stimme, die weiß, was gut, richtig und erfüllend ist für mich.

Eine der größten Herausforderungen unserer Zeit ist es, solche Räume und Orte für junge Männer und viele verlorene »erwachsene« Männer zu schaffen. Gelingt uns das umfassend, können wir uns in Zukunft von dem Kunstbegriff »Midlife-Crisis« verabschieden, weil es dieses Phänomen nicht mehr geben wird, wenn die Entwicklungsschritte in dem Alter vollzogen werden, indem sie natürlicherweise vollzogen gehören: in der Pubertät. Um diesen Schritt einzuleiten, schlage ich folgendes Ritual vor.

Übung: Die Durchtrennung der Nabelschnur

Du besorgst Dir eine Schnur oder ein Tau in der Länge von etwa zwei Metern. Die Dicke sollte in etwa der Stärke Deiner inneren Abhängigkeit von Deiner Mutter, Deinem Vater oder von beiden entsprechen. Dies kannst Du daran messen, wie ruhig und gelassen Dein Herzraum bleibt, wenn Du an Deine Eltern denkst. Ist da aber Enge, das Gefühl von Bedrückung oder Atemlosigkeit, dann brauchst Du ein dickes Seil. Weiter benötigst Du ein Taschenmesser, entweder das, was Du schon immer benutzt, oder wenn Du keines hast, wäre das eine Gelegenheit, Dir eines anzuschaffen. Papier und Stift brauchst Du ebenfalls.

Begib Dich in die Natur zu einem Baum, wo Du möglichst ungestört sein kannst.

Setze durch eine Handlung (Räucherstäbchen anzünden, über eine Schwelle gehen, über einen Stock gehen) klar den Beginn des Rituals. Um Dich innerlich auf das Ritual vorzubereiten, schreibe eine Liste all der Dinge, die Du bisher in Deinem Leben machst, weil irgendjemand (Vater, Mutter, Frau, Kinder, Freunde) sie von Dir erwartet. Auf diese Liste gehören Erwartungen an Dich, die Du erfüllst, nicht weil sie Deinem inneren Bedürfnis entsprechen, sondern weil Du ein lieber, folgsamer Sohn, Ehemann, Vater sein möchtest, obwohl Du Dich bei der Erfüllung der Erwartung nicht wohl fühlst.

Während Du die Liste schreibst, lass all die Gefühle, die dabei auftauchen, zu, beobachte sie lediglich und mache nichts damit. Wenn Du mit Deiner Liste fertig bist, bindest Du die eine Hälfte des Seils zusammen mit der Liste an den Baum. Das andere Ende des Seils bindest Du Dir um den Bauch. Der Baum steht stellvertretend für Deine Mutter, Frau, Deinen Vater oder für alle zusammen. Das Seil repräsentiert die Nabelschnur, die Dich mit den Erwartungen der Person oder der Personen verbindet. Jetzt nimmst Du Dein

Messer zur Hand und spannst das Seil, indem Du so weit rückwärts gehst, bis Spannung entsteht. Nun sprichst Du den Baum stellvertretend für die Person an, zum Beispiel »Liebe Mama, ich danke Dir für das Leben und für alles, was ich von Dir bekommen habe. Und ich mute Dir zu, dass ich nun meinen Weg allein gehe.« Solltest Du die Erwartungen von Deiner Frau oder jemand anderem abschneiden wollen, dann überprüfe, von wem diese Erwartung tatsächlich sein könnte. Dann musst Du vielleicht anstatt zu Deiner Frau zu dem entsprechenden Elternteil sprechen. Deine Frau steht dann nur stellvertretend für den jeweiligen Elternteil. Wenn Du den Satz gesprochen hast, schneide die Nabelschnur mit Deinem Taschenmesser durch. Nimm wahr, welche Gefühle dabei vorherrschend sind. Wenn die Schnur durchtrennt ist, verweile einen Moment in Stille und spüre, wie Dein Körper sich anfühlt, wie Deine Atmung geht und was Du emotional wahrnimmst.

Dieses Ritual kann starke Gefühle und Reaktionen hervorrufen. Nimm sie einfach wahr.

Schließe das Ritual wieder durch eine zeremonielle Handlung.

Du kannst dieses Ritual auch zusammen mit einem Freund machen. Dann übernimmt der Freund die Rolle des Baumes. Wie jedes Ritual gewinnt auch dieses an Kraft, wenn es vor Zeugen geschieht. Tausche Dich im Anschluss mit einem vertrauten Menschen darüber aus und teile Deine Erkenntnisse oder schreibe sie in Dein Tagebuch. Das Ritual hilft, einen klareren Blick zu entwickeln für das, was Du wirklich willst und bist.

ECHTE GEMEINSCHAFT UNTER MÄNNERN

Wenn ich an meine eigene Jugendzeit zurückdenke, dann sind da zwei starke Bilder in meinem Gedächtnis.

Das eine Bild zeigt die vielen einsamen Stunden in meinem Zimmer, eingesperrt in die unendliche Tiefe meiner Gefühle, unfähig, sie mit irgendjemanden zu teilen. Ich glaube, ich habe nie wieder so intensiv empfunden wie in dieser Zeit, und nie mehr habe ich mich so abgrundtief allein gefühlt in meiner Sprachlosigkeit. Auf dem anderen Bild sind die ebenso häufigen, hitzigen Diskussionen über Politik, Fußball, Gott und die Welt mit meinen Freunden zu sehen. Auch in diesen Momenten habe ich mich oft schrecklich einsam gefühlt, weil geredet wurde um des Redens willen, aber nie um ein wirkliches Herzensanliegen zu kommunizieren, die es in dieser Zeit eigentlich in Hülle und Fülle gab. Bedürfnisse mich mitzuteilen gab es jede Menge, aber nie hätte ich es gewagt, mich im Kreis meiner Freunde zu öffnen und zu zeigen, wie es mir wirklich geht. Ich hatte viel zu viel Angst, mir eine Blöße zu geben, verlacht zu werden und nicht mehr beliebt zu sein. Also musste die Fassade gewahrt bleiben und hinter dieser Fassade bin ich manchmal schier zu Grunde gegangen an Weltschmerz, Trauer und Wut. Ich glaube, ich habe bis heute keinem meiner Freunde erzählt, dass ich einige Male in dieser Zeit nahe dran war, mir aus Verzweiflung das Leben zu nehmen. Dass ich mit meinen Gefühlen nicht alleine war, zeigt mir die Tatsache, dass sich in dieser Zeit tatsächlich zwei meiner Kameraden das Leben genommen haben, ganz zu schweigen von den Vielen, die in den Drogenrausch flüchteten. Leider hat sich dieser Zustand bei mir auch ein wenig später als Erwachsener kaum geändert. Viele Jahre bin ich weiterhin als einsamer Wolf durch die Ödnis meiner

Seelenwelt geschlichen, ohne jemals die Erfahrung gemacht zu haben, dass es da Geschlechtsgenossen gibt, denen es ebenso wie mir ergeht, die sich nach wahrem Austausch und Kontakt unter Männern sehnen. Zwar gibt es einen guten Freund, mit dem ich auch vieles teilte, aber so richtig nahe sind auch wir uns nicht gekommen. An den schmerzhaften Stellen, an denen es für einen von uns beiden hätte weh tun können, haben wir uns geschont, blieben wir unverbindlich. Tief in meinem Herzen brannte jedoch eine Sehnsucht nach Gleichgesinnten, nach Gesprächen, die mein Innerstes bewegen, nach der spielerischen Begegnung unserer Körper im Messen unserer Kräfte und die Erfahrung meiner körperlichen, geistigen und emotionalen Vitalität dabei. Erst in diesem Moment, indem ich dies schreibe, wird mir klar, dass ich durch die »Manngeburt« einen Raum geschaffen habe, der meine Sehnsucht stillt. Die meisten Männer, die sich hier zusammenfinden, erleben erstmals das beglückende Gefühl von echter Gemeinschaft unter Männern. Bei aller Widersprüchlichkeit und Verschiedenheit werden schon nach kürzester Zeit die »Rüstungen der Geschäftswelt« klirrend zu Boden geworfen und die Männer zeigen sich mit ihren Wunden, aber auch mit ihren offenen Herzen.

Statussymbole oder sonstige Götzen unserer Konsumgesellschaft spielen sehr schnell keine Rolle mehr. In meinem allerersten Manngeburtzyklus gab es ein beeindruckendes Ereignis, das beispielhaft dafür war, worum es für uns Männer eigentlich geht.

Schwäche erzeugt Nähe

Der erste *»Council«* (siehe S. 58–61), fand in Form eines Gesprächs statt. Es ging darum, sich vorzustellen und den Grund zu nennen, warum man an der »Manngeburt« teilnimmt. Die Männer waren sich zu diesem Zeitpunkt also noch völlig fremd. Einer von ihnen stand aufgrund seiner damaligen Lebenssituation unter solch enormem Leidensdruck, dass er schon in dieser Vorstellungsrunde zu weinen begann. Es war ihm sichtlich peinlich und immer wieder versuchte er, das Schluchzen zu unterdrücken, um weitererzählen zu können.

Am Ende seines Vortrags erhob sich der männlichste aller Anwesenden, ein großer, kantiger, muskulöser Testosteronbulle. Er ging auf den heulenden Mann zu, stellte sich vor ihn hin und zur Überraschung aller Anwesenden fragte er, ob er ihn umarmen dürfe. Überrascht und peinlich berührt von diesem Angebot antwortete der Weinende mit immer noch tränenzittriger Stimme, er wisse nicht, ob er das wolle. Im selben Moment beugte sich das Prachtmannsbild hinab, öffnete die Arme und umarmte ihn einfach, kraftvoll und herzlich.

Der weinende Mann konnte es zulassen und beruhigte sich sehr schnell. Wortlos ging der Umarmer zurück auf seinen Platz und die Gesprächsrunde wurde fortgesetzt. Das Eis war geschmolzen und der Beginn einer Männergemeinschaft, die bis heute trägt, war gemacht.

Warum erzähle ich diese Geschichte so ausführlich? – Weil wir uns alle danach sehnen, gerade unter uns Männern so sein zu können, mit all unseren Schwächen und Stärken, wie wir sind, ohne dass wir befürchten müssen, dass uns bei nächster Gelegenheit das Messer in die Rippen gerammt wird. Wenn es dann geschieht, dass uns der Stärkste in so einem Moment der Schwäche anstatt uns niederzumachen in den Arm nimmt, können tiefste (Vater-)Wunden heilen, und jahrhundertealte Sehnsüchte werden gestillt. Solche Momente echter, aufrichtiger Herzensbegegnungen durfte ich nun schon viele Male erleben, und inzwischen weiß ich, dass ich mir mit dem Manngeburtzyklus selbst das größte Geschenk gemacht habe.

Nebenbei haben sich daraus einige tiefe Freundschaften entwickelt. Ein weiteres Beispiel, wie es ist, wenn Männer an einem

Strang ziehen, wird in der Rahmengestaltung an den Manngeburtwochenenden deutlich. Wir, 15 Männer, sind trotz des straffen inhaltlichen Programms auch für die Organisation zuständig, das heißt, wir müssen für das gesamte Wochenende einkaufen, kochen, abspülen, Schwitzhütte aufbauen und den Ort auch wieder ordentlich verlassen. Es ist also richtig dicht und es gibt so gut wie keinen persönlichen Freiraum. Es verwundert und berührt mich immer wieder, wie viel Männer in kürzester Zeit bewegen können und in welcher Qualität, wenn alle mit dem Herzen und damit auch mit dem Respekt vor dem Anderen bei der Sache sind.

Wie fruchtbar und Segen bringend könnte unsere Welt aussehen, wenn wir Männer unsere Waffen ablegen würden und uns zum Wohle der Gemeinschaft zusammentäten. An diesen Wochenenden bekomme ich von dieser Welt eine Ahnung und bis zu meinem letzten Atemzug werde ich nicht ruhen, meinen Beitrag an der Verwirklichung dieser Vision von echter Gemeinschaft zu leisten.

Übung zur Selbsterfahrung: **Männer-Council**

Für diese Übung brauchst Du einige »offene« Männer, die eine Gesprächskultur kennenlernen möchten, die die Erfahrung echter Gemeinschaft ermöglicht.

Als Erstes geht es darum, einen ungestörten Raum zu gestalten, entweder in der freien Natur oder im Haus. Das wichtigste Handwerkszeug ist Euer »Redestab«. Das kann ein Stück Holz sein oder jeder andere Gegenstand, auf den Ihr Euch einigt oder den Du als Initiator bestimmt hast. Darüber hinaus solltet Ihr noch eine Kerze und ein Feuerzeug besorgen.

Ihr setzt Euch im Kreis auf den Boden, und in der Mitte befinden sich die noch nicht angezündete Kerze und der »Redegegenstand«. Alle Teilnehmer müssen über die einfachen, wenigen Leitlinien eines *Council* informiert sein. Diese lauten:

- Es spricht nur der, der den Redegegenstand hat und alle anderen schweigen und hören zu.
- Es wird vom Herzen gesprochen, das heißt nur Wesentliches und nur das, was jetzt gerade in diesem Moment dran ist.
- Es wird mit dem Herzen zugehört, möglichst urteilsfrei, jetzt im Moment, ohne an das zu denken, was ich sagen werde, wenn ich dran bin.
- Ich rede in einer Haltung der Achtung und Wertschätzung für meine Zuhörer.
- Ich höre zu in einer Haltung der Achtung und Wertschätzung für den Redner.
- Den Redner zu unterbrechen oder ihm ins Wort zu fallen, ist nicht erlaubt.

Ihr könnt einen Zeitrahmen festlegen, dann ist der *Council* zu dem vereinbarten Zeitpunkt vorüber, oder ihr lasst es offen und entscheidet aus dem Moment heraus.

Ebenso könnt Ihr ein Thema festlegen oder ihr lasst es offen und beobachtet, was sich entwickeln will. Es gibt keinen Leiter oder hierarchisch höher stehenden Moderator. Alle sind gleich wichtig und verantwortlich für das, was beim *Council* geschieht. Der *Council* beginnt mit dem Entzünden der Kerze. Dies kann irgendjemand aus dem Kreis tun, der spürt, dass es in diesem Moment seine Aufgabe ist. Beim Entzünden kann er eine Widmung sprechen, zum Beispiel »Für echte Gemeinschaft unter Männern«. Wenn die Kerze angezündet und die Widmung gesprochen ist, ist der *Council* eröffnet. Es beginnt derjenige, der sich den Redegegenstand aus der Mitte holt. Ob man anfangen soll, spürt man daran, dass das Herz heftig klopft. Von demjenigen, der angefangen hat, ausgehend, geht der Redegegenstand dann im Uhrzeigersinn zum Nächsten weiter. Wenn Du mit Deiner Rede fertig bist, solltest Du das kundtun, indem Du beispielsweise »Ho« sagst oder »Amen« oder »So ist es«.

Es ist im Grunde egal, wofür Du Dich entscheidest, wichtig ist nur, dass Du laut tönst, damit klar ist, dass Du fertig bist. Zugleich wirkt der Ton wie ein Punkt oder Ausrufezeichen in einem Satz. Die Zuhörer bestätigen das, indem sie Deinen Ton, Satz oder Dein Wort gemeinsam wiederholen. Das klingt vielleicht merkwürdig, aber Du wirst beim Tun feststellen, dass die Bestätigung guttut. Um sicherzugehen, dass die Leitlinien eingehalten werden und auch wirklich von Herzen gesprochen wird, könnt Ihr einen »Herzenswächter« bestimmen. Er ist der Einzige, der sich, während jemand spricht, einmischen darf, indem er ein vereinbartes Zeichen gibt, zum Beispiel ein Schlag auf eine Meditationsschale. Das bedeutet dann, dass bis zum nächsten Glockenschlag (nach ca. einer Minute) geschwiegen wird und jeder noch einmal zum Herzen spürt. Danach geht es bei der aktuellen Person weiter. Der Herzenswächter achtet darauf, dass die Leitlinien eingehalten werden. Der Herzenswächter muss allerdings mit seinem Instrumentarium sparsam und sensibel umgehen, damit er wichtige Prozesse nicht unterdrückt.

Council als Türöffner zum Herzen

Ziel des *Councils* ist, sich über Widersprüchlichstes austauschen zu können, ohne dabei in Diskussionen zu verfallen. Alle Gefühle haben Platz, ohne dass ich befürchten muss, attackiert oder unterbrochen zu werden. Wenn auf diese Art und Weise miteinander gesprochen wird, entsteht sogar unter wildfremden Menschen in kürzester Zeit eine vertrauensvolle Gesprächsatmosphäre, die Raum auch für das größte Tabu bietet.

Ich verwende den *Council* sogar für meine Manngeburt-Infoabende, zu denen lauter fremde Männer kommen, die erst einmal nur auf passives Zuhören eingestellt sind. Der *Council* ist dann immer der Türöffner zu ihren Herzen. Wenn der *Council* zu Ende ist, wird die Kerze von einem Teilnehmer wieder mit einer Widmung ausgeblasen. Damit wird der rituelle Gesprächsraum geschlossen. *Council* ist eine der effektivsten Methoden, um in Gruppen Widersprüche und Gegensätzlichkeit in die Erfahrung von Vielfalt, Fülle und Gemeinschaft umzuwandeln. Das Ritual des *Council* funktioniert vom Kindergarten bis zu den wichtigsten Gremien in Wirtschaft und Politik.

Wenn du mehr darüber erfahren möchtest, empfehle ich das *Council*-Grundlagenwerk, *Der große Rat* von Jack Zimmermann und Virginia Coyle.

DER WAHRHAFT MÄNNLICHE MANN IN DER GESELLSCHAFT

Stelle Dir eine Gesellschaft vor, in der Männer gelernt haben, ihre Grundbedürfnisse zu kennen und in ihr Leben zu integrieren. Welche Ziele würden wir ökonomisch verfolgen?

Wie sähen unsere Beziehungen zu unseren Partnerinnen aus? Welche Art von Vätern wären wir? Welchen Einfluss hätte das auf die Kindererziehung und das Schulsystem? Wie wären die Werte in der Gesellschaft verteilt? Würden immer noch die, die am unverantwortlichsten handeln, unsere Geschicke bestimmen und das meiste Geld verdienen? Wären dann die kurzfristigen, die auf schnellen Erfolg zielenden Lösungen immer noch die Meistgewählten? Ich wage das sehr zu bezweifeln. Denn was wäre das idealerweise für ein Mann, der in solch einer Gesellschaftsform lebt?

Ein Mann, der den Platz eingenommen hat, für den er bestimmt ist, statt einem unbewussten Auftrag seiner Eltern zu folgen. Ein Mann, der in der Lage ist, anderen Männern auf Augenhöhe zu begegnen und dabei sein Herz aufzutun und damit angstfrei gemeinsam mit Anderen an einem Strang zu ziehen. Ein Mann, der gelernt hat, die Signale seiner Seele und den tieferen Sinn dahinter zu verstehen und entsprechend zu handeln. Ein Mann, der sich traut, sich seinen eigenen inneren Grenzen zu stellen, und das Überwinden dieser Grenzen als Wachstums- und Entwicklungsprozess erkennt und annimmt, wird als Führungskraft im Betrieb in der Lage sein, weitsichtige und nachhaltige Entscheidungen zum Wohle der Firma zu treffen. Ihm wird es ein Anliegen sein, die Bedürfnisse seiner Mitarbeiterinnen und Mitarbeiter zu berücksichtigen und deren Talente auf das Beste zu fördern. Dabei wird er nicht einknicken, wenn ihm der erste Sturm ins Gesicht bläst, weil sein Selbstwert auf tragfähigen Säulen steht, die von innen her aus seinem Wesen entstanden sind. Kritik wird ihn berühren und er wird in der Lage sein zu hinterfragen, ob sie berechtigt ist, und dabei, ohne das Gesicht zu verlieren, eine Korrektur vornehmen, wenn er erkennen muss, dass sie berechtigt war.

So ein Mann wird mit der ablehnenden Haltung seines pubertierenden Sohnes geduldig und zugleich klar und Orientierung gebend umgehen. Er wird ihm Grenzen setzen, wo der Sohn es noch braucht, und die Zügel locker lassen, wo der Sohn seine eigenen Erfahrungen sammeln muss. Dieser Mann wird ein echtes Gegenüber für seine Frau sein und sie mit seiner männlichen Vitalität beschenken. Er wird sich ihr angstfrei öffnen und sich von ihrer weiblichen Kraft erfüllen lassen. Schwierige und konfliktträchtige Zeiten wird er nicht meiden und gemeinsam mit seiner Lebensgefährtin um Lösungen ringen. Prüfungen wird er als Herausforderung annehmen, auch wenn er unter Umständen dabei manches Mal seinen Weg ächzend und stöhnend fortsetzt.

Eine Gesellschaft mit solchen Männern würde eine wahrhaftig gleichberechtigte Partnerschaft zwischen Mann und Frau hervorbringen, in der Frauen weiblich sein dürfen und Männer männlich, ohne dass es ein Unten oder Oben gäbe. Unser Wirtschaftssystem würde Wert auf nachhaltige, ökologisch und sozial verträgliche Lösungen legen. Unsere Schulen und Universitäten wären keine Lernfabriken mit dem Schwerpunkt auf Wissensvermittlung. Stattdessen würden sie bei der Vermittlung von Lebensfertigkeiten auf die Balance von Körper, Geist und Verstand achten. Lernen hieße in erster Linie, Erfahrungen sammeln und Lösungen gemeinsam erarbeiten. Unterschiedlichkeit würde als Vielfalt gewürdigt und als Chance für ungewöhnliche Lösungen erkannt. Ich möchte Dich einladen, für Dich selbst oder im Gespräch mit Anderen weiterzuspinnen, wie so eine Gesellschaft aussehen könnte, wenn wir uns wirklich anschauen, wer wir Männer sind und was die Aufgaben sind, die das Leben von uns erfüllt haben möchte. Damit diese Vision nicht nur ein schöner Traum bleibt, beschreibe ich im nächsten Kapitel, wie es möglich wird, dass Männer ihre Grundbedürfnisse erkennen und lernen, sie in ihr Leben zu integrieren. Das wesentliche Instrumentarium hierfür ist die Initiation.

DIE INITIATION ALS GEBURTSPROZESS

Wenn Du den Begriff »Initiation« liest, dann laufen vielleicht grausige Bilder vor Deinem inneren Auge ab. Du fühlst Dich möglicherweise an die blutrünstigen Beschneidungsrituale mancher afrikanischer Stämme erinnert, die ihre Frauen gefügig machen wollen unter dem Deckmantel einer Initiation ins Frausein. In Wirklichkeit haben diese physischen und psychischen Folterungen überhaupt nichts mit den Kriterien, die zu einem Initiationsritual gehören, gemeinsam. Sie sind nichts anderes als der erbärmliche Versuch des Männlichen, das Weibliche zu kontrollieren. Eine wirkliche Initiation hat nicht nur das Wachstum und die Reifung des Einzelnen im Blick, sondern fördert den Reifungsprozess in einer Weise, dass sie dem Wohl aller Mitglieder der Gemeinschaft dient. Schon dadurch grenzt sich mein Verständnis von Initiation von den oben beschriebenen Ritualen ab, denn die Beschneidung beispielsweise ist sicher nicht zum Wohle einer Frau.

Dieses Kapitel möchte den Begriff Initiation klären und verdeutlichen, welche Chance für unsere Gesellschaft darin liegt, moderne Initiationen zu entwickeln und sie als Wachstumsförderer zu etablieren.

WAS HEISST »INITIATION«?

Karlfried Graf Dürckheim, der Begründer der »Initiatischen Therapie« umschreibt den initiatischen Prozess folgendermaßen: »Initiatisch kommt von ›initiare‹: *das Tor zum Geheimen öffnen.* – Was ist das Geheime? Das sind wir selbst in unserem tiefsten Kern, in unserem Selbst, in unserem Wesen. Mit Wesen meinen wir hier die Weise, in der das überweltliche göttliche Sein in jedem Menschen in individueller Weise anwesend ist und in ihm und durch ihn hindurch manifest werden möchte in der Welt: in der Weise, die Welt wahrzunehmen, zu gestalten und zu lieben.«[2]

Bei einer Initiation geht es immer darum »das Tor zum Geheimen« zu öffnen. Die Öffnung wirkt wie eine Initialzündung für einen neuen, vertiefenden Schritt in der Entwicklung eines Menschen hin zum Erleben von mehr Ganzheit und Vollständigkeit.

Etwas Neues, Starkes, bis dahin Unbekanntes soll geboren und zur Welt gebracht werden. Etwas, das den Initianden und seine Gemeinschaft dauerhaft reicher macht als sie es vor der Initiation waren. Da es sich bei einer Initiation um einen Geburtsprozess handelt, möchte ich am Beispiel der Geburt die vier Schritte einer Initiation erklären.

---

2 Dürckheim: Der zielfreie Weg. Im Kraftfeld initiatischer Therapie, S. 11

DIE VIER SCHRITTE EINER INITIATION

Wie bei Deiner allerersten Initiation, der physischen Geburt, einer Initiation ins Leben, besteht jedes Initiationsritual aus vier Schritten:

1. Trennung vom gewohnten Umfeld
2. Erschütterung von Lebenswahrheiten
3. Veränderung von Bewusstsein
4. Integration des Erlebten

Die alten Kulturen, wie die nordamerikanischen Indianer, die Kelten oder die Aboriginies in Australien, waren mit dem Leben und der Natur noch sehr verbunden. Diese Kulturen haben die ersten Initiationsrituale entwickelt und am Leben erhalten. Durch ihre Verbundenheit und Bezogenheit zur Natur konnten sie Lebens- und Entwicklungsprozesse beobachten und kopieren. Auf diese Art und Weise sind meines Erachtens auch Initiationsrituale entstanden. Sämtliche Schritte, die für ein Initiationsritual notwendig sind, sind nämlich auch bei einem natürlichen Geburtsprozess vorzufinden. Sehen wir uns den ersten Initiationsschritt unter dem Blickwinkel eines Geburtsvorganges etwas genauer an.

Trennung vom gewohnten Umfeld

Aus der Geburtsforschung wissen wir mittlerweile, dass für den Fötus und den Embryo die ersten Lebensmonate während der Schwangerschaft bis kurz vor der Geburt wunderbar, fast paradiesisch sind, vorausgesetzt der Mutter geht es gut.

Es ist immer Nahrung da, es ist warm, behaglich, lebendig, ein schwereloser Zustand mit unendlich viel Raum. Wie in einem behüteten Meer aus Liebe fühlt sich das Kind geborgen, getragen, umsorgt und vom Leben mit dem Besten beschenkt. Wie gesagt – wenn es der Mutter körperlich und seelisch gut geht und die Schwangerschaft natürlich verläuft, ohne Störungen von außen, wie Ultraschalluntersuchungen oder Fruchtwasserentnahmen.

Der paradiesische Zustand ändert sich schlagartig, je näher es auf die Austreibungsphase der Geburt zugeht. Instinktiv spürt das Kind, dass es nicht mehr lange bleiben kann. Der ursprünglich endlos große Raum wird aus Sicht des Kindes immer enger und bedrohlicher. Es ist schließlich gewachsen. Die Wände kommen auf das Kind zu und nehmen ihm zusehends den Platz zum Leben. Das ursprünglich schöne, behagliche Lebensumfeld wird immer unangenehmer, sogar bedrohlich. Mit dem Einsetzen der Wehenkontraktionen ist es endgültig vorbei mit dem einstmaligen Paradies. Es droht der Verlust der ursprünglichen Heimat. Ein natürlicher Überlebensimpuls sagt dem Kind, dass es an diesem Ort nicht mehr länger bleiben kann. Mit einem Schlag wird ihm klar, dass es von hier fort muss. Nicht wissend wo und wie die Reise enden wird, macht es sich auf den Weg, die Heimat zu verlassen.

Für das Kind fühlt sich das an wie eine Katastrophe, und eine heftige Krise setzt ein. Nichts gibt es mehr, woran es sich halten kann. Nichts gilt mehr, was so lange Gültigkeit besaß. Zurückgeworfen auf sich selbst, fühlt sich dieser Zustand wie sterben an. Zugleich ist da der Lebenstrieb, der das Kind anfeuert, sich auf den Weg zu machen und weiterzugehen. Alles, was das Kind tun kann, ist diesem Trieb zu gehorchen und sich voll Angst auf die unbekannte Reise zu begeben. Exakt dieselbe Erfahrung wie bei der Geburt machen wir dann später im Leben, wenn wir in Lebenssituationen durch Krankheit oder Verlust mit unvorhergesehene Veränderungen konfrontiert werden.

Unser bis dahin behaglicher Platz im Leben wird infrage gestellt und die Krise droht. Meist versuchen wir uns mit aller Kraft so lange wie möglich an dem Alten festzukrallen, aber die Wucht des Lebens ist stärker und irgendwann reißt es uns einfach mit. Oftmals erkennen wir erst im Nachhinein, dass die Veränderung, der Schicksalsschlag dazu geführt hat, uns stärker, liebevoller, reifer zu machen.

Dürckheim hat diesen Moment auch den »Seinsschlag« genannt, weil er uns wieder in Kontakt bringt mit unserem eigentlichen Sein, unserem Wesen, dem das Göttliche innewohnt, von dem wir normalerweise, aber mehr oder minder weit entfernt, abgetrennt sind. So ein »Seinsschlag« verfolgt das Ziel, uns wieder in Verbindung zu bringen mit unserem wahren Wesen.

Initiation als Geburtskanal für das Selbst

So entdecken viele Menschen nach einer schweren Krankheit die Qualität des Lebens neu. Manche gründen nach dem Verlust eines Kindes eine Selbsthilfegruppe und sind Trost für eine große Zahl von Menschen. Beispiele gibt es genug, wie die Nackenschläge des Lebens uns nur auf den Weg bringen wollen, in Richtung auf etwas, das uns reicher, bewusster und gehaltvoller leben lässt. Viele bleiben allerdings auch in diesem ersten Schritt der Entwicklung stecken und hadern ohne Ende mit der Ungerechtigkeit des Lebens.

In unserem Beispiel wäre das so, als würde sich das Kind mit aller Kraft gegen den Geburtsprozess stemmen, sich quer stellen und jegliche Bewegung verhindern. Was das bedeutet, kannst Du Dir vorstellen. Es ist das Ende des Lebens für das Kind. Genauso wie manche von uns innerlich schon tot sind, weil sie nicht in der Lage waren, mit dem Leben zu gehen und den anstehenden Entwicklungsschritt zu vollziehen. Dies musste die bekannte Moderatorin Petra Schürmann erleben, die nach dem Unfalltod ihrer Tochter zeitweise ihre Sprache verlor und sich nahezu vollends aus dem Leben in die Depression zurückzog. Auch der Fußballnationaltorhüter Robert Enke entkam seinem inneren Gefängnis nur durch den Freitod. Manchmal kann ein Entwicklungsschritt so groß sein, dass wir das Gefühl bekommen, ihn nicht bewältigen zu können. Von daher ist eine Verurteilung dieser »Bewegungslosigkeit« ganz unangemessen. An dieser Stelle und natürlich schon lange davor könnte ein Initiationsritual die richtige Unterstützung sein. Auch bei einer Initiation führt der erste Schritt »Trennung vom Umfeld« ins Unbekannte und damit ebenfalls in die Krise.

Immer wieder erstaunt und berührt es mich, wenn sich die Teilnehmer einer Visionssuche bei Morgengrauen auf den Weg machen, in die Wildnis hinaus auf ihren Platz gehen, um dabei der Wildnis in sich selbst zu begegnen. Bei der Verabschiedungszeremonie herrscht eine Stimmung aus fast physisch greifbarer Anspan-

Die Taufe ist eine Initiation, die nach der Anstrengung im Manngeburtskanal den Beginn eines neuen Daseins anzeigt: kraftvoll, mutig und sensibel – wissend um sich selbst.

nung, Ernsthaftigkeit und Bereitschaft, sich dem Leben und seinen Aufgaben zu stellen. Manchmal kommt es vor, dass Teilnehmer zurückkommen, weil sie innerlich an einer Stelle steckenbleiben oder weil die auftauchende Krise sie zu überwältigen scheint, und sie glauben, nicht hindurchzukommen durch den anstehenden Prozess. Und fast jedes Mal nach einem kurzen Klärungsgespräch machen sie sich dann doch auf den Weg und bringen unter Geburtsschmerzen auf die Welt, was in ihrem Leben gerade geboren werden möchte. So wie das Baby in unserem Beispiel keine Ahnung hat, wofür es gut ist, mit der Bewegung des Lebens mitzugehen, haben sie ebenfalls keine Ahnung. Aber sie sind gehalten. Gehalten von der Kraft des Initiationsraumes. Eine Kraft, die elementar und zugleich schwer zu beschreiben ist. So wie das Kind vom Geburtskanal gehalten ist. Die Initiation stellt den Geburtskanal dar, der Halt gibt, für die Geburt des eigentlichen Selbst. Im »richtigen« Leben, zumindest in unserer westlichen Kultur, gibt es diesen Geburtskanal, der Halt geben könnte, nicht mehr. Viele von uns verlieren deswegen den Boden unter den Füßen oder suchen sich einen Ersatz als Pseudohalt, wie Drogen, Tabletten, Alkohol, Radikalismus, Fanatismus oder Sexismus.

Erschütterung von Lebenswahrheiten

Das Initiationsritual führt Dich auf eine natürliche, organische Weise in einen Prozess des Loslassens. Altes, Überlebtes, nicht mehr Nährendes muss im Laufe eines Lebens Platz machen für Erneuerung, Verwandlung, Kompostierung. Die verfaulten alten Anteile können der Dünger für neues Leben sein. Dazu muss das Alte allerdings erst gehen dürfen, damit es Dich nicht erstickt oder vergiftet. Der erste Schritt dieses Sterbeprozesses ist die »Trennung vom gewohnten Umfeld«, der Dich auf Dich selbst zurückwirft und zum nächsten Entwicklungsschritt, der »Erschütterung von Lebenswahrheiten« führt. Dieser Schritt wird in einem modernen Initiationsritual bewusst und freiwillig vollzogen. Das ist unter Umständen durchaus schmerzhaft, aber weil bewusst, vollzieht sich die Verwandlung wesentlich schneller, und es besteht keine Gefahr steckenzubleiben, wie an folgendem Beispiel zu sehen:

Eines Tages meldete sich eine erfolgreiche Heilpraktikerin und Heilerin zu einer *Vision-Quest* bei mir an. Anfangs war ich darüber verwundert, weil ich von ihr wusste, dass sie die schwersten Krankheiten mit viel Erfolg behandelte. Bald stellte sich heraus, dass ihr Problem nicht der Beruf war, sondern ihr Privatleben. Immer wieder wurde sie von heftigsten Lebensängsten geplagt, die auch noch von einer schon lange zurückliegenden Krebserkrankung geschürt wurden. Sie spürte, dass für sie eine große Chance, diese Ängste loslassen zu können, darin lag, alleine in die Wildnis hinauszugehen und ihren Ängsten da draußen zu begegnen. Zugleich war das schon Wochen vorher ihre größte Angst, nämlich den Schritt ins Ungewisse zu wagen. Weil sie zugleich ein dem Leben sehr zugeneigter Mensch ist, überwand sie sich und folgte dem Lebensimpuls, der laut und deutlich vernehmbar nach Veränderung rief. Schon während der Vorbereitungszeit, vor Ort, geriet sie mehr und mehr in kleinkindliches Verhalten, das dem Lebensalter entsprach, dem ihre Ängste entsprangen. Sie hatte schon als ganz kleines Kind sehr viel Erfahrung mit sehr roher Gewalt und eine Mutter, die sie nicht schützen konnte. Im Gegenteil musste sie schon als kleines Mädchen sehr erwachsen und eine Stütze für ihre Mutter sein. Je näher der Tag des Hinausgehens in die Wildnis rückte, desto mehr fiel sie in dieses kleinkindliche Verhalten. Sämtliche Ängste aus ihrer Kindheit tauchten wieder auf. Zugleich war da auch ihr Erwachsenen-Ich, das Fortschritt und Entwicklung wollte und auch deutlich spürte, dass sie in der Lage war, durch den anstehenden Prozess hindurchzugehen. In einem wesentlichen Teil des Prozesses war sie dabei, die starke Helferin, die sie seit ihrer Kindheit war, loszulassen, und sich ihrem inneren, verwahrlosten Kind zuzuwenden, es in die Arme zu nehmen und zu heilen. Aufgrund der Heftigkeit ihrer Geschichte wählten wir ein etwas anderes als das übliche Setting. Wir vereinbarten mit ihr, dass sie einmal am Tag von meiner Kollegin an ihrem Platz in der Wildnis besucht wird, die so lange bei ihr bleibt, wie die Heilerin auf ihrer *Vision-Quest* es möchte. Meine Kollegin hatte dabei den Part der guten und nährenden Amme, die während der ganzen Zeit sozusagen die Nabelschnur aufrechterhielt, damit die Questerin aus der Rolle der immer Starken entlassen werden konnte und sie zugleich die Gewissheit hatte, gehalten zu sein. Diese Aufgabe war für meine Kollegin eine echte Herausforderung, weil sie – kaum bei der Questerin angekommen – mit intensivsten Gefühlen überschüttet wurde. Angst, Wut, Trauer, Schmerz wechselten sich ab. Zugleich erzählte die Questerin wie ein reißender Strom von den schlimmen Erfahrungen ihrer Kinder- und Jugendzeit. Wie durch ein Entleeren der inneren Kanalisation entledigte sie sich ihres Seelenmülls. Meine Kollegin war dabei eine geduldige und starke Zuhörerin. Meist dauerte das Ganze etwa eine Stunde, dann war die Questerin wieder in der Lage, meine Kollegin loszulassen, in der Gewissheit, dass die »Amme« wiederkommen würde bzw. dass sie sie selbst aufsuchen könnte, wenn es nötig würde.

Erschütterung schafft Raum für Neues

Durch die kraftvolle Unterstützung meiner Kollegin und durch den Halt des Rituals war es der Questerin möglich, wirklich in der Tiefe loszulassen und sich selbst zu heilen. Die Beziehung zu ihrem inneren Kind hat sich sehr zum Positiven verbessert. Das äußert sich im Alltagsleben durch eine drastische Reduzierung ihrer Lebensängste und einer wesentlich harmonischeren Beziehung zu ihrer Mutter. An diesem Beispiel wird deutlich, dass die Trennung vom Umfeld auch in einem Initiationsritual an die Grenze des Erträglichen gehen kann. Mit dem Unterschied, dass es eben nur bis zur Grenze geht und nicht darüber hinaus. Das Ritual schützt vor dem Sturz in den Abgrund und bietet die nötige Unterstützung, um das Erschüttern gewohnter Lebenswahrheiten zulassen zu können. Diese Erschütterung ist ein notwendiger und wesentlicher Schritt. Nur wenn das Alte, inzwischen Behindernde, sich auflösen darf, entsteht fruchtbarer Boden, auf dem Neues, Gewichtiges, Authentisches, Nachhaltiges und Fruchtbares wachsen kann.

Hier blicken wir noch mal zurück auf unser Baby. Es hat sich also auf den Weg gemacht und seine Heimat verlassen, nicht wissend, wo es ankommen wird. Das ist ein Verlust von allem, woran es sich bisher gehalten hat.

Wenn Du Dir, lieber Leser, einmal vergegenwärtigst, wie sich das für Dich anfühlen würde, wenn Dir jetzt in dieser Sekunde alles genommen würde, woran Du Dich hältst, ohne dabei zu wissen, was Du stattdessen bekommst, dann kannst Du in etwa nachempfinden, wie Du Dich als Baby während des Geburtsprozesses gefühlt haben musst.

Während einer Initiation begeben wir uns freiwillig innerlich in so eine Situation. Während einer tatsächlichen Geburt werden gewaltige, existenzielle Kräfte frei, die dem Kind zur Verfügung stehen, damit es sich durch den Geburtskanal arbeiten kann. Zugleich bündelt der Geburtskanal diese Kräfte und gibt ihnen eine Richtung, die das Kind konstruktiv nutzen kann, damit es weitergeht und die Geburt gelingt. Auch im Initiationsraum werden gewaltige seelische Kräfte freigesetzt und ebenso wie bei der physischen Geburt werden im Initiationsraum diese Kräfte gebündelt. Das ist der Unterschied zu einer Krise im Leben, die durch einen Schicksalsschlag ausgelöst sein kann. Auch hier werden große Kräfte freigesetzt, aber es fehlt fast immer der Geburtskanal, der diese Kräfte sammelt und ihnen eine positive Richtung gibt. Oft schießen sie unkontrolliert in alle Richtungen und verpuffen dann irgendwann. Die Chance, aus der Krise und ihren freiwerdenden seelischen Kräften eine konstruktive Lebensorientierung zu gewinnen, wird dadurch leider vertan. Die Initiation als Geburtskanal gibt uns die Möglichkeit, die freiwerdenden Kräfte zu nutzen. Damit führt die Erschütterung alter Lebenswahrheiten zur Veränderung von Bewusstsein.

Veränderung von Bewusstsein

Dazu schauen wir noch mal auf unser Baby: In Zusammenarbeit mit der Mutter hat es sich nun durch den Geburtskanal gearbeitet, hat dramatische Momente erlebt, war mehrmals kurz davor aufzugeben, war zwischendurch völlig verloren, hat sich bestimmt häufig die Sinnfrage gestellt und sich von den Kontraktionen der Gebärmutter massiv bedroht gefühlt. Ähnliche Zustände erlebst auch Du, wenn Dir das Leben in die Suppe spuckt, in Form von Krankheit, Tod, Trennung oder Verlust. Dann stellst Du Dir auch die Sinnfrage, zweifelst ebenfalls daran, ob Du das aushalten kannst, spürst Deine große Angst und fühlst Dich ohnmächtig. Aber vielleicht erinnerst Du Dich unbewusst daran, dass Du das schon einmal geschafft hast, nämlich damals bei Deiner eigenen Geburt, und Du gehst weiter. Nur fehlt diesmal möglicherweise dieser Konzentrationspunkt, der Geburtskanal, der Dir hilft, Deine Kräfte zu bündeln. Hier unterstützt Dich die Initiation.

Was bekommst Du dafür?

Auch da hilft das Beispiel des Babys. Eine unvorstellbar große und bunte Welt bekommt das Baby. Eine Welt, die es sich in seinen kühnsten Träumen im Mutterbauch nicht hätte vorstellen können. Eine Welt der Vielfalt von Farben, Gerüchen und Tönen – unglaublich spannend, aufregend und neu.

Genau das erwartet Dich auch in einer Initiation. Du wirst innere Räume öffnen, die Du Dir so vorher sicher nicht vorstellen konntest, die Dein Leben bunter, reicher und farbenprächtiger erscheinen lassen. Im Vergleich dazu wird das Alte, an dem Du so lange gehangen hast, verblassen. Deine Wahrnehmung der Welt und Deines Lebens wird sich grundlegend verändert haben. An dieser Stelle möchte ich gern ein Beispiel aus meiner eigenen Initiation erzählen.

Zurückgeworfen auf das Wesentliche

Schon zwei Wochen nach unserer gemeinsamen Visionssuche in der kalifornischen Steinwüste der Inyo Mountains trennte sich meine damalige langjährige Lebensgefährtin von mir. Meine Welt brach in dem Moment zusammen, da ich gerade im Begriff war, ihr einen Heiratsantrag zu machen. Ich fiel aus allen Wolken und ein langes dunkles Tal, besser gesagt eine abgrundtiefe Schlucht tat sich auf. Für die Dauer eines ganzen Jahres gab es nur eine Farbe für mich, Dunkelgrau. Ich hangelte mich von Tag zu Tag, immer mit dem Vorsatz, irgendwie musst Du diesen Tag schaffen. Durch die Trennung war etwas Unschuldiges und damit auch sehr Unbewusstes gestorben. Mein Leben fühlte sich so an, als wäre meine Freundin tatsächlich gestorben und mit ihr etwas Wesentliches in mir. Für lange Zeit war überhaupt kein Land in Sicht. Das Initiationsritual *Vision-Quest* verfluchte ich, weil es mir danach scheinbar viel schlechter ging als zuvor. Es schien sogar, als hätte dieses Ritual, statt mir zu helfen, mich in den tiefsten Abgrund gestürzt.

Meine Trauer und mein Schmerz dauerten ziemlich genau ein Jahr, genauso lange wie die Kernzeit einer Visionssuche dauert. Damals war mir der Zusammenhang jedoch nicht bewusst. Nach einem Jahr in etwa erschien Licht am Ende des Tunnels und ich beschloss, mich wieder dem Leben zuzuwenden. Ich verabschiedete mich von meinem Beruf des Sozialpädagogen und wagte den Sprung ins Selbstständigen-Dasein als Initiatischer Therapeut. Ich eröffnete eine psychotherapeutische Praxis und veranstaltete meine erste Visionssuche auf dem freien Markt. Da es eine gemischtgeschlechtliche *Vision-Quest* sein sollte, brauchte ich eine Partnerin. Zu dieser Zeit gab es noch kaum Visionssucheleiter und -leiterinnen in Deutschland. Daher rief ich mit bangem Herzen nach mehr als einem Jahr ohne Kontakt meine Ex-Freundin an, um sie zu fragen, ob sie mit mir zusammen die Visionssuchen leiten würde. Zu meiner freudigen Überraschung stimmte sie zu und sieben Jahre lang haben wir gemeinsam Menschen durch ihren Initiationsprozess begleitet. Heute weiß ich, dass mich meine eigene Visionssuche vorbereitet hat auf das, was dann folgen sollte. Die Visionssuche hat mir die Kraft und Entschlossenheit gegeben, das schwierige Jahr der Trennung nicht nur unbeschadet zu überstehen, sondern auch einen konstruktiven Gewinn daraus ziehen zu können. In dieser Zeit wurde ich von einem abhängigen Muttersöhnchen zum Mann, der in der Lage ist, andere Menschen durch ihren Initiationsprozess zu begleiten. Womit wir zum letzten wesentlichen Aspekt einer Initiation kommen, dem Integrieren der Erfahrung.

Integration der Erfahrung

Eine Initiation hat nur dann einen Wert, wenn sie zu einer dauerhaften Veränderung im Alltag führt. Ist dem nicht so, dann war es zwar eine schöne Erfahrung, die uns einen Kick verschafft hat und die Möglichkeit, eine spannende Geschichte zu erzählen, aber von einer Initiation kann man dann nicht sprechen.

Deshalb taugen die schon erwähnten Grenzerfahrungen, die man in Extremsportarten wie Triathlon, Berglaufen, Bungee-Jumping oder Ähnlichem nicht als Initiation. Ihnen fehlt der verwandelnde, transformierende Charakter. Im Gegenteil entsteht in den meisten Fällen sogar eine Tendenz zur Abhängigkeit, weil die Grenzen immer weiter ausgelotet werden müssen, um den Kick zu spüren. Dagegen verändert sich im alltäglichen Leben nichts.

Eine gelungene Initiation führt zu einer nachhaltigen Veränderung im Leben. Sie wird durch größere Gelassenheit, stabileres Selbstbewusstsein, mehr Lebensfreude, eine ausgeprägte Zielstrebigkeit und ein hohes Maß an Liebesfähigkeit spürbar. In meinem Fall ist ein Vertrauen ins Leben gewachsen, das wesentlich mehr Tragfähigkeit besitzt als vorher.

Manchmal ist es schwer, nach so einem Initiationsprozess wieder in die alte Gemeinschaft zurückzukehren. In den Initianden haben innere Erdbeben und damit einhergehende Umwälzungen stattgefunden, aber die Welt zu Hause ist die gleiche geblieben. Leider besitzen wir noch keine Kultur des Wiedereingliederns von frisch Initiierten. In den traditionellen Stammeskulturen wurden die Initianden vom ganzen Dorf gefeiert. Ein tagelanges Fest sorgte für die Anerkennung und Würdigung derjenigen, die ihren persönlichen kleinen Tod gestorben sind. Die Ältesten wussten genau um die seelische Leistung derer, die aus einer Initiation zurückkehrten, weil sie selbst durch diesen Prozess gegangen waren. Diese Anerkennung und Würdigung fehlt bei uns leider noch vollständig. Kaum jemand im Umfeld des Initianden versteht, durch welch tiefgreifenden Veränderungsprozess er in den letzten Tagen gegangen ist. Oft erntet er deshalb statt Würdigung eher Unverständnis. Bis auch dieser Teil der Initiation in unserer Gesellschaft wertgeschätzt wird, braucht es noch viele mutige Pioniere, die sich trotzdem auf den Weg machen, um ihren Söhnen und Töchtern einen angemessenen Empfang zu bereiten.

Bis dahin müssen die Initianden selbst für einen guten Boden zum Heimkommen sorgen, sich und ihren Lieben Zeit lassen bei der Wiederannäherung und selbst einen rituellen Raum kreieren, in dem sie ausgewählten und offenen Menschen ihre Geschichte erzählen und so ihre Erfahrung teilen. Wenn das mit Sorgfalt geschieht, können selbst Uninitiierte tief im Herzen spüren, dass mit ihrem geliebten Menschen etwas Außergewöhnliches geschehen ist. Manchmal werden sie sogar selbst von der Geschichte des Initianden ein klein wenig verwandelt.

AUSEINANDERSETZUNG MIT DEN VIER URKRÄFTEN DES MANNES

Die Männer waren die ganze Nacht mit Asche verschmiertem Gesicht und vollständig schwarz gekleidet, jeder für sich allein, fastend durch die Dunkelheit gewandert. Jetzt, um 4 Uhr 30, stehen sie schweigend um das Schwitzhüttenfeuer. Eine unglaubliche Spannung liegt in der Luft. Lang vergrabene Gefühle kochen dampfend in ihren Bäuchen und Herzen und sehnen sich nach Ausdruck. Als würde das äußere Feuer ihr inneres Seelenfeuer spiegeln, leuchten ihre Augen, die wie glitzernde Kugeln in schwarzen Fratzen funkeln. Es fühlt sich an, als befände sich ein riesiger Vulkan kurz vor dem Ausbruch.

Die Stille wird nur durch das Prasseln des Schwitzhüttenfeuers durchbrochen und doch ist es, als wisperten tausende Stimmen im Chor. Als erzählten sie von unausgesprochenen Schmerzen, von nicht gelebten Leidenschaften, von einsamen heulenden Wölfen in der Nacht.

Der Bogen scheint zum Bersten gespannt. Endlich ist das Feuer so weit heruntergebrannt, dass wir die glühenden Steine mit der Mistgabel herausholen können und ins dunkle Loch der Schwitzhütte tragen. Immer noch schweigend entkleidet sich einer nach dem anderen und verschwindet kriechend im Mutterbauch von Mama Schwitzhütte.

Im Kreis um das Steineloch, mehr kauernd als sitzend, erwarten wir die glühend roten Steinbrocken. In der Dunkelheit sieht jeder

In der Schwitzhütte herrscht eine ungeheure Anspannung. Je heißer es wird, desto mehr Entladung geschieht und die Männer kommen in Kontakt mir ihrer männlichen Urkraft.

Einzelne aus, als wäre er selbst glühende Lava. Die Tür wird geschlossen und in der stockfinsteren Enge verbreiten die roten Steingesichter eine dampfende Hitze. Als auch noch Wasser über die roten Fratzen vergossen wird, wird das leuchtende Steinmonsterlicht mit einem Schlag ausgeknipst und eine schier unerträgliche, dampfende Hitze breitet sich aus. Gleichzeitig nimmt einem der Wasserdampf wie ein Faustschlag in den Magen den Atem. Zugleich fühlt sich die Haut an, als würde sie jeden Moment in Fetzen vom Körper platzen. Das ist der Augenblick, wo der Pfeil vom Bogen gelassen wird und sich die Anspannung der Männer entladen darf. Ein ohrenbetäubendes Gebrüll, Geschrei, Gejammere, Gestöhne und Geächze lässt die höchstens einen Meter fünfzig hohe und zwei Meter breite Schwitzhütte erbeben. Zwölf Männer entlassen über Jahre angestaute Gefühle von Schmerz, Wut, Angst, Frust und Trauer. Sie kotzen ihre Unzulänglichkeiten, Wunden und Verletzungen in den stockfinsteren Raum und heizen dadurch die Schwitzhütte noch zusätzlich an.

Je heißer es wird, desto mehr Entladung geschieht, und allmählich öffnet sich ein bis dahin noch nicht gekannter Raum. Gefühle von Raum- und Zeitlosigkeit machen sich breit und immer dann, wenn es scheint, dass es nicht mehr auszuhalten ist, weitet sich wieder etwas und eine neue, größere Welle der Entäußerung und der Befreiung schwappt durch die Schwitzhütte und weit über sie hinaus in die Unendlichkeit. Wie Surfer auf einer gigantischen Welle reiten wir auf unseren Schwächen, Ängsten und Nöten der Vergangenheit und Gegenwart.

Eine Kraft, eine Weite und eine Größe machen sich breit, die uns in unserem tiefsten Inneren spüren lassen, dass wir viel, viel mehr sind als die Summe dieser einzelnen Individuen hier in diesem Raum. Tränen verwandeln sich in Ströme der Leichtigkeit, Wutschreie werden zu Gesängen der Leidenschaft und Geschichten von Verrat, Misshandlungen und Einsamkeit werden zur Quelle der

Gemeinsamkeit und des Erlebens von großer, tiefer Verbundenheit wiedergefundener, wilder Männerherzen. In diesem Moment spielt es keine Rolle, ob Du reich oder arm, schwul oder bisexuell bist. Egal welches Etikett Du Dir auf Deine Persönlichkeit geklebt hast, in diesem Moment bist Du einfach nur Mensch und Mann.

Endlich ist es an der Zeit, die Schwitzhüttentür zu öffnen. Hinter dem Hügel geht gerade die Sonne auf und scheint direkt in unser kleines Schwitzhüttenloch. Unser Jüngster, erst 15 Jahre alt, sitzt angestrahlt vom Sonnenlicht wie in einem riesigen Schweinwerfer und sein Penis leuchtet golden in der Morgensonne. Ein Abbild der Unschuld und Reinheit, erwachender, unverfälschter Männlichkeit. Einfach schön.

Direkt vor der Schwitzhütte grasen zwei Schimmelstuten im taufrischen Morgengras. Von der neu gewonnenen Kraft zum Leben erweckt, packt einige der verzärtelten Großstadtmänner der Übermut und sie versuchen die Stuten nackt, wie sie sind, und ohne Sattel und Zaumzeug zu reiten. Zwei werden nach relativ kurzer Zeit wieder abgeworfen. Einem gelingt es, auf einer der Stuten, nackt, wie Gott ihn schuf, der Sonne entgegenzureiten. Ein Bild, wie von einem Hollywood-Kitschmaler gemalt.

Was hier in meiner Schilderung so abgedreht, so nach Wildwestromantik klingt, ist nichts weiter als der Versuch, nacherlebbar zu machen, wie es war. Wie es sich anfühlt, wenn wir mit unseren männlichen Urkräften in Berührung kommen. Die beteiligten Männer waren alle zivilisierte, in unserer Gesellschaft etablierte Großstadtmenschen, auf der Suche nach mehr Fülle, Sinn und Lebendigkeit in ihrem Leben.

Die Wucht der Archetypen

Archetypen sind Urkräfte, die in jedem Mann schlummern und nur darauf warten, zum Leben erweckt zu werden. Es sind Kräfte, die universell in jedem von uns wirken und uns auf dieser Ebene miteinander verbinden. Sind wir bewusst und konstruktiv in Kontakt mit den männlichen Archetypen, dann fließt uns eine Kraft, ein Wissen und eine Weisheit zu, wie die meisten von uns sich das gar nicht vorstellen können. Die wesentlichen Archetypen des Mannes lauten: Liebhaber, Magier, König, Krieger.

Bist Du mit ihnen allen in Kontakt und kannst sie im Gleichgewicht halten, dann bist Du voll und ganz in Deiner männlichen Kraft. Du kannst zupacken und entscheiden, zugleich bist Du mitfühlend, sanft und in tiefer Verbindung mit Deinen Mitmenschen. Dein Geist und Intellekt arbeitet weitsichtig und klar und Du bist im Herzen verbunden mit dem großen Ganzen, das Dich und die Welt trägt. Leider haben wir auf dem Weg zur zivilisierten Gesellschaft und durch Erziehung und Konditionierungen häufig den Kontakt zu dieser immer sprudelnden Archetypenkraft verloren. Was dann geschieht ist, dass diese Kräfte dennoch in uns wirken, aber in ihrer Schattenausprägung. Sie sind dann verantwortlich für den Zustand und das Leid in unserer Welt. Umweltverschmutzung und die gnadenlose Ausbeutung der Ressourcen unseres Planeten sind beispielsweise Schattenaspekte des Magiers.

Die Finanzkrise und ihre weitreichenden, verheerenden Folgen sind das Ergebnis einer fehlgeleiteten Königskraft. Die Kriege dieser Welt, der Sadismus, der sich in Kinderpornografie, sexuellem Missbrauch und in Amokläufen junger Männer zeigt, sind die Schattenausprägung des Kriegers.

Drogensucht, Sexsucht, alle Arten von Sucht; dazu gehören im Übrigen auch die Alkohol-, Tabletten-, Spiel- und Nikotinsucht, sind sichtbar gewordener Schattenliebhaber.

Wie Du siehst, lieber Leser, wirken Archetypen in beide Richtungen und zwar in ihrer ganzen Wucht, je nachdem mit wie viel Bewusstsein wir sie in unser Leben integriert haben.

Ein Chirurg, der das Aggressionspotenzial des Kriegers in seine heilende Tätigkeit kanalisiert hat, wirkt damit zum Wohle der Menschheit. Dieselbe Kraft kann sich ungelenkt in einem Amoklauf entladen und löscht in kürzester Zeit viele Leben aus. Die Kraft, die dahintersteckt, ist per se neutral. Sie unterscheidet sich nur dadurch, ob sie konstruktiv oder destruktiv wirkt. Nur durch den Grad an Bewusstheit, die der entsprechende Mann davon hat, und inwiefern er diese Kraft in seine Persönlichkeit integriert hat, kann er damit verantwortungsvoll handelnd mit ihr ins Leben treten. Es hilft also nichts, wenn Du so tust, als gäbe es diese Kräfte nicht. Dann werden sie Dir nur umso heftiger durch ihren Schattenaspekt beweisen, dass es sie sehr wohl gibt und dass sie im Moment noch Herrscher über Dich sind und nicht umgekehrt. Das Ziel sollte allerdings sein, dass Du Herrscher über sie wirst und sie zu integrieren lernst, damit Du sie dienstbar machen kannst, um in jeder Hinsicht wirklich Großes leisten zu können. Es ist an der Zeit, dass wir Männer uns wieder mit den Quellen unseres Mannseins verbinden, um sie zu unserem Wohl und zum Wohle aller in die Welt zu tragen. Dafür sind sie nämlich da. Um dies tun zu können, beschäftigen wir uns nun etwas ausführlicher mit den jeweiligen Aspekten der Archetypen.

DER LIEBHABER

Meine Tochter ist drei Jahre alt. Sie liebt Musik. Noch mehr liebt sie das Tanzen und am allerliebsten hat sie es, wenn Papa oder Mama zusammen mit ihr tanzen. So beginnt manchmal mein Morgen mit einem Tanz mit meiner Tochter. Oft habe ich, verschlafen und träge, wie man sich frühmorgens nun mal fühlt, keine Lust dazu. Aber da kennt meine Tochter kein Pardon. Wenn sie tanzen will, wird nun mal getanzt. Nicht immer, aber sehr häufig bereitet sie mir damit ein Geschenk. Dann nämlich, wenn es mir gelingt, mich auf sie und ihren Tanz einzulassen. Im Laufe des Tanzes entsteht allmählich eine tiefe Herzensverbindung zwischen ihr und mir. Meine Lebenslust und Freude an der Bewegung wird dabei geweckt. Es entsteht eine Atmosphäre der Leichtigkeit und der Gleichklangs zwischen ihr und mir. Manchmal kommen wir dann sogar in einen Zustand der Ekstase, der sich durch Juchzen, Glucksen und freudiges Kreischen ausdrückt. In diesen Augenblicken fühle ich mich tief mit meiner Liebhaberenergie verbunden.

Der Liebhaber in seiner Kraft

Der Liebhaber in seiner Kraft sprüht vor Lebensfreude und Lust am Leben. In seinem Herzen ist er tief verbunden mit den Menschen, die ihn umgeben. Er ist ein körperbetonter, sinnlicher Mann, der Freude an der Bewegung hat. Beziehungen und Herzensbegegnungen sind für ihn das Salz in der Suppe des Lebens. Nicht nur mit den Menschen fühlt er sich verbunden, auch die Natur, die Pflanzen, die Tiere, alle Lebewesen dieser Erde sind ihm nah. Die schönen Künste wie Dichtung, Musik und Malerei sind für ihn ein notwendiger Ausdruck des Göttlichen in unserer Welt. Mit Hingabe kann er monatelang an einem selbstgebauten Bogen

Der Liebhaber in seiner Kraft sprüht vor Lebensfreude und Lust am Leben. Er ist ein körperbetonter, sinnlicher Mann, der Freude an der Bewegung hat.

feilen und mit einem tiefen Glücksgefühl im Herzen den ersten Pfeil damit ins Ziel schießen.

Ein Chef mit Liebhaber-Energie wird bei Sitzungen immer dafür sorgen, dass es genug zu trinken und ausreichend Pausen gibt. Ihm wird das Wohl und der gute Kontakt zu seinen Mitarbeitern ein Herzensanliegen sein. In seinem Bannkreis wird es immer Gelegenheiten geben, dass auch das Freud- und Lustvolle, in Form von Firmenfeiern oder Betriebsausflügen, nicht zu kurz kommt. Ihn wird nicht nur das Projektziel interessieren, sondern auch das Wohl und Wehe seiner Angestellten. Einfühlungsvermögen ist ein wesentliches Kennzeichen entwickelter »Liebhaber«.

So ein Mann ist interessiert an den Sorgen und Nöten seiner Ehefrau und sogar in der Lage, den Schmerz, den sie gerade empfindet, an sich selbst zu spüren. Seine Sexualität ist geprägt von spielerischer Wollust, immer auf der Suche nach wirklicher Nähe und tiefer Begegnung. Er will berühren und berührt werden. Grenzen sind ihm ein Gräuel. Trennung lässt ihn fürchterlich leiden. Er wird immer versucht sein, Grenzen aufzulösen und Verschmelzung herbeizuführen. Sensibel für feinste Schwingungen, fühlt er sich mit allem, was lebt, verbunden. Ein Mann im Kontakt mit seiner Liebhaberkraft ist in der Lage, einen Baum, den er vorher mit verbundenen Augen nur ertastet hat, unter Hunderten wiederzufinden. Er ist bei der Begegnung mit dem Baum so tief in Kontakt gegangen, dass er ihn wiedererkennt, wenn er nach ihm sucht. Diese Übung verblüfft übrigens viele Männer, die zu mir kommen. Ihre Freude ist anrührend kindlich, wenn sie *ihren* Baum wiedergefunden haben.

Während ich hier am Computer sitze und diese Zeilen tippe, empfinde ich ebenfalls das beglückende Gefühl des lebendigen Liebhabers in mir. Ein Buch zu schreiben, aktiviert unter anderem die Liebhaberkraft. Dabei kommt etwas in Fluss, das mich schreibt. Ich bin dann nicht mehr der Schreibende, sondern ES schreibt mich. In diesem Moment fühle ich mich zutiefst mit etwas weit über mich Hinausreichenden verbunden. Der Liebhaberarchetyp ist am Wirken. Ein weiches, weites, beglückendes und belebendes Gefühl macht sich breit.

Es ist aber auch der Liebhaber, der mich spüren lässt, dass vom langen Sitzen meine Knochen steif geworden sind, meine Blase drückt und Zeit für eine Pause angesagt ist. Für den Liebhaber ist sein Körper ein wundervolles Instrument der sinnlichen Erfahrung und der Lust. Daher geht er achtsam und fürsorglich mit diesem Instrument um.

Die Schattenform des Liebhabers

Immer wieder bin ich erstaunt wie viele Männer dem *süchtigen* Liebhaber verfallen sind. Männer, die einsam wichsend Stunde für Stunde vor dem Computer verbringen auf der Suche nach der endgültigen Erlösung, dem ultimativen Orgasmus. Wie viel Zeit, Energie und Lebensfreude geht dabei verloren. Der eigentliche Antrieb ist ihre unerfüllte Sehnsucht nach wirklichem Kontakt, zuerst mit sich selbst und dann mit den Menschen, die sie umgeben.

In meinen Kursen stelle ich immer wieder fest, dass die Liebhaberenergie eng verknüpft ist mit der Mutterbindung. Wenn in den frühen Kindheitsjahren die Bindung zur Mutter schwierig war, hat das einen starken Einfluss auf unsere Liebhaberkraft. Während des ersten Lebensjahres wird die Basis von Vertrauen und enger Bindung gelegt, die Basis für einen kraftvoll entwickelten Liebhaber. Daher tragen in traditionellen Kulturen die Mütter im ersten Lebensjahr die Kinder immer bei sich, und auch in der Nacht liegen sie bei der Mutter. In dieser Lebensphase gibt es vom Erleben des Kindes her noch keine Trennung zwischen ihm und der Mutter. Das Kind erlebt Empfindungen der Mutter, als wären es seine eigenen. Wenn in dieser Zeit viel Nähe, Geborgenheit, Fürsorge und Liebe da ist, empfindet das Kind die Welt und damit sich in Ordnung. Urvertrauen und eine tiefe Verbundenheit mit der Welt und dem Leben stellt sich ein. Wie sieht das bei uns aus?

Noch immer finden die meisten Geburten im Krankenhaus statt. Dabei geht die Tendenz zu bis zu 40% – inzwischen sogar geplanten – Kaiserschnitt-Entbindungen. Die natürliche Geborgenheit der Schwangerschaft wird aus Sicht des Kindes jäh abgebrochen. Es gibt keinen natürlichen Prozess des Ablösens wie bei der Geburt. Genauso geht es dann weiter. Viele berufstätige Mütter beginnen schon bald wieder zu arbeiten. Schon nach wenigen Monaten, manchmal Wochen, werden die Kinder aus dem elterlichen Schlafzimmer verbannt. Sie sollen lernen, allein zu schlafen. Das tun die meisten auch, was noch lange nicht heißt, dass es ihnen guttut. Um Dich abnabeln zu können und selbstständig werden zu können, muss erst einmal eine tragfähige Bindung da sein. Das kann entwicklungspsychologisch zu diesem Zeitpunkt noch nicht der Fall sein. Die Folge ist eine Überforderung, die später dann die Basis für eine unterentwickelte Liebhaberkraft ist. Was Du als Kind nicht bekommen hast, versuchst Du Dir nun als erwachsener Mann zu holen. Da dies für jede Beziehung eine hoffnungslose Überforderung darstellt, musst Du andauernd die Partnerinnen wechseln. Die Sehnsucht ist da und sie will gestillt werden. Aber selbst innerhalb einer Liebesbeziehung kann sie nicht gestillt werden, weil dafür die Öffnung für wirkliche Nähe nötig wäre. Dazu bist Du aber oft nicht fähig, weil es dafür eine vertrauensvolle Basis in Dir braucht, die Du leider nie schaffen konntest. So kommt es, dass auch Männer in bestehenden Liebesbeziehungen suchthaft Prostituierte aufsuchen oder stundenlang masturbierend mit Hochglanzmagazinen verbringen. Wie viele Schuldgefühle, Heimlichtuereien und Verletzungen könntest Du Dir ersparen, wenn Du wieder intensiver in Kontakt kämst mit Deiner Liebhaberkraft?

Andere Männer flüchten sich in Sport, exzessives Arbeiten, Alkohol oder andere Arten von Sucht.

Immer geht es dabei um die tiefe Sehnsucht, intensiv zu spüren und zu leben, und immer bleibt der schale Geschmack von innerer Leere.

Der impotente Liebhaber

Die andere Seite derselben Medaille ist der impotente Liebhaber. Er hat quasi innerlich resigniert. In ihm ist der Satz des Kindes am Wirken, der in etwa so lautet: »Mama, wenn Du nichts von mir wissen willst, dann scheine ich es nicht wert zu sein und ich will daher mit dir auch nichts mehr zu tun haben.« Dieser Satz stammt aus einer Zeit, in der die Mutter für uns die Welt bedeutete, deshalb gilt er für die ganze Welt, also das gesamte Leben. In der Folge wird ein solcher Mann das Leben als kalt und leidenschaftslos erfahren. Es fehlt ihm an Schwung, Energie und Lebendigkeit. Das Leben zieht an ihm vorbei und er fühlt sich nur gelangweilt, träge und gleichgültig. Lustlosigkeit prägt sein Lebensgefühl, es gibt keine Hochs und Tiefs und nichts, wofür es sich lohnen würde, Einsatz zu bringen. Im schlimmsten Fall landet er in der Depression, gefühllos und nicht mehr in der Lage, irgendetwas zu empfinden oder einem Lebensimpuls zu folgen. Der Liebhaber in ihm scheint wie tot. Das Geschlechtsleben eines solchen Mannes ist schal und leblos geworden. Um dies aushalten zu können, zieht er sich in die Depression zurück, in der ihm die Welt nichts mehr abverlangen kann, weil er niedergedrückt, wie er ist, zu keiner Handlung mehr fähig ist. Tabletten sollen ihn aus seiner Antriebslosigkeit befreien und machen ihn doch nur noch abhängiger von seinen Unzulänglichkeiten. Selbst wenn sie ihm helfen, sind sie nur ein Beleg seiner Unfähigkeit, sich selbst zu retten, und bringen daher keinen dauerhaften Nutzen. In der Manngeburt betrachtest Du Deine Schattenliebhaber, stellst Dich den unverarbeiteten Schmerzen und Wunden, die im Zusammenhang mit Deiner frühen Mutterbindung stehen und hauchst dadurch dem lichtvollen, kraftvollen Liebhaber in Dir neues Leben ein.

Manngeburtskanal

In einem der Seminare wurde bei einem Mann deutlich, dass auch er so einen Verweigerungssatz, wie oben erwähnt, in sich trägt. Ich schlug ihm folgendes Ritual vor: Alle Männer sollten einen Geburtskanal mit ihren Körpern formen und der Mann wählte sich einen aus, der stellvertretend seine Mutter darstellen sollte. Also knieten sich zehn Männer auf den Boden, nahe aneinandergerückt, sodass ihre Leiber einen Tunnel oder Kanal formten. Am Ende des Tunnels wartete der Mann, der die Mutter repräsentieren sollte, um ihn nach seinem Weg durch den Tunnel zu empfangen und ihm Halt, Sicherheit und Geborgenheit zu geben. Dem Seminarteilnehmer wurden die Augen verbunden und er wurde mit lauter, wilder chaotischer Musik auf die »Reise« geschickt. Die Männer waren ein hervorragender Geburtskanal. Sie boten ihm jeden erdenklichen Widerstand und waren weich und nachgiebig, wenn es angebracht war. Mehrmals kam der Mann an einen Punkt, an dem er glaubte, nicht mehr weiterzukönnen und aufgeben zu wollen. Aber sein Lebensimpuls und sein innerer Antrieb meldeten sich gerade dann wieder zurück, wenn es am aussichtslosesten aussah. Wie in einer richtigen Geburt musste er seine ganze Kraft, seinen ganzen Willen einsetzen, um sich durch den Manngeburtskanal hindurchzuarbeiten. In einem Ritual dieser Tiefe gibt es keinen Unterschied mehr zwischen Realität und »Spiel«. Was da erlebt wird, ist wirklich, und kann daher tief greifenden, transformatorischen Charakter haben. Jedenfalls ging der Mann an die Grenzen seiner Kraft und arbeitete sich bis ans Ende des Tunnels, an dem seine »Mutter« schon auf ihn wartete. Völlig erschöpft, am Ende seiner physischen und psychischen Möglichkeiten angelangt, sank er widerstandslos in die Arme seiner »Mutter«. Schweißgebadet und kraftlos ließ er sich halten und schon überwältigten ihn die Gefühle. Hemmungslos schluchzend ergoss sich ein Strom von Tränen aus einem tiefsten Inneren. Ein Staudamm war gebrochen und flutete die dürre Wüste seines Herzens mit den fruchtbaren Wassern der Seele.

Ein unglaublich berührender Moment für alle Beteiligten. Jeder Mann, der beim Durchbruch und einem Stück Verwandlung einer solch tiefen Wunde dabei ist, wird von dem schönen Gefühl der Heilung erfasst. Keiner von uns ist frei von Wunden aus der frühen Kindheit und wenn sich einer auf den Weg macht, davon ein wenig zu heilen, so heilt er damit auch ein Stück von uns. Die Männer beschenkten den jungen Mann mit ihrer Präsenz und Gegenwart, damit das Ritual überhaupt stattfinden konnte, und im Gegenzug bekamen sie von dem Mann das Geschenk wahrer Offenheit und Hingabe, die wiederum wohltuend für sie selbst war. Ein wunderschönes Beispiel gelebter Liebhaberenergie, die alle Beteiligten ein Stückchen vollständiger zurückließ.

Übung: Seinen Baum finden

Für diese Aufgabe brauchst Du einen Partner und eine Augenbinde.

Ihr begebt Euch in einen Wald. Dort entscheidet Ihr, wer den Baum suchen soll und wer führt.

Der Sucher verbindet sich die Augen. Der Begleiter führt den Sucher achtsam und vorsichtig zu einem Baum, den er für den Sucher ausgewählt hat, ohne ihm den Baum zu verraten.

Wichtig dabei ist, den Baum nicht zu nahe vom Ausgangspunkt zu wählen, damit sich der Sucher nur noch bedingt durch Hören und Wahrnehmung durch die Füße orientieren kann. Beim Gehen und während der ganzen Übung wird nicht gesprochen, sodass der Sucher ganz in Kontakt mit sich selbst bleiben kann. Am Baum angekommen, führt der Begleiter die Hände des Suchers zum Stamm

Ein Mann im Kontakt mit seiner Liebhaberkraft ist in der Lage einen Baum, den er vorher mit verbundenen Augen nur ertastet hat, unter Hunderten wieder zu finden.

des Baumes. Die Aufgabe ist nun für den Sucher, den Baum mit all seinen Sinnen zu erfassen und auch innerlich, also mit der Seele des Baumes in Kontakt zu treten. Lass Dir dabei Zeit und nutze das ganze Spektrum Deiner Kontaktmöglichkeiten, Deine Hände, Deine Arme, Deinen ganzen Körper, aber auch Dein Herz. Wenn Du sicher bist, dass Du eine Verbindung zu dem Baum hergestellt hast, lässt Du Dich vom Begleiter zum Ausgangspunkt zurückführen. Dieser geht dabei einige Schleifen und Umwege, sodass Dir keine Orientierungsmöglichkeit bleibt. Am Ausgangspunkt angekommen, löst Du die Augenbinde. Du nimmst innerlich Fühlung zu »Deinem« Baum auf und wartest auf einen Impuls Deines Körpers, dass er sich in eine bestimmte Richtung bewegen mag. Diesem Impuls folgst Du so lange, wie Du ihn deutlich spürst. Wenn Du den Impuls verlierst, bleibst Du einfach stehen und wartest, bis wieder ein klarer eindeutiger Impuls kommt. Das machst Du so lange, bis du deinen Baum gefunden hast.

Manche brauchen diesen Körperimpuls gar nicht. Sie »wissen«, in welche Richtung sie gehen müssen, und gehen ohne Umschweife schnurgerade auf ihren Baum zu. Beim Wiedererkennen des Baumes stellt sich ein tiefes Gefühl der Freude ein. Du hast Fühlung mit Deinem Liebhaberarchetyp aufgenommen. Zehn von zwölf Männern finden am Ende des Manngeburtzyklus ihren Baum wieder. »Seelisch gesunde« Kinder haben ebenfalls kein Problem, ihren Baum wiederzufinden, weil sie noch eng mit der sie umgebenden Welt verbunden sind.

Nach der Übung könnt ihr die Rollen wechseln. Hinterher ist es schön, sich über folgende Fragen auszutauschen: Wie war das Führen? Wie war das Geführtwerden? Was habe ich am Baum wahrgenommen und gab es einen Unterschied, als ich ihn dann sehen konnte? Was habe ich beim Suchen und Wiederfinden erlebt?

DER MAGIER

Hast Du, lieber Leser, schon einmal ganz instinktiv und über jeden Zweifel erhaben gewusst, was in einer bestimmten Situation zu tun ist, welche Schritte zur Erfüllung des Ziels notwendig sind, wie Du sie am besten umsetzt, welche Hilfsmittel Du dafür benötigst und wie Du all diese Komponenten am besten zusammenfügst? Wenn Du diese Fragen mit »Ja« beantworten kannst, warst Du mit Deinem Magierarchetyp in Fühlung.

Ganz zu Beginn des Buches habe ich beschrieben, wie der Manngeburtszyklus zustande kam.

Es waren wahrlich magische Momente, als ich in kürzester Zeit das gesamte Bild der Manngeburt erfasste. Alles in mir vibrierte und war hellwach. Etwas in mir wusste in diesem Moment mit absoluter Gewissheit, dass sich mein berufliches Leben auf einen Kulminationspunkt zubewegte, indem sich 15 Jahre Berufserfahrung, meine verschiedensten Talente und Kenntnisse sich zu einem großen Seminar für Männer vereinigen sollten.

Die Magierkraft in mir war in diesem Moment in ihrer vollen Blüte und trägt bis heute Früchte. Ganz tief im Untergrund war sie schon lange in mir am Arbeiten, aber ich hatte keinerlei Zugang dazu. Beispielsweise ist das Gedicht »Manngeburt«, das am Anfang des Buches abgedruckt ist, schon 1994 während meiner Visionssuche in Kalifornien entstanden. Damals hatte ich nicht den Hauch einer Ahnung, wohin mich dieses Gedicht einmal führen würde. Die Macht und die Qualität des Magiers ist, den Stein der Unkenntnis zur Seite zu rollen und die darunter liegende Weisheit freizulegen.

Der Magier in seiner Kraft

Der vollendete Magier nimmt Dinge wahr, die sich in der nicht sichtbaren Welt befinden. Er rückt sie ins Licht der Erkenntnis und des Verstehens. Mit seinem Denken und Fühlen spürt er Welten auf, die uns normalerweise verborgen sind.

Er ist zu Hause im Ingenieur, der eine Sache bis in die letzte Tiefe durchdringt und seinem Arbeitsteam auf verständliche Weise vermittelt, wie die zu lösende Aufgabe angepackt werden muss. Gedanklich durchdringt er die verworrensten und komplexesten Aufgaben, immer davon getrieben, sich und dem Wohle seiner Firma und den Mitarbeitern zu dienen.

Der Magier in seiner lichtvollen Version ist immer auf der Suche, wie er etwas verändern kann, sodass es ihm und seiner Gemeinschaft besser geht. So war der Schamane in den alten Stammesgesellschaften ein Meister der Magierkraft, der mit den unsichtbaren Welten kommunizierte, um Heilung für den Einzelnen oder den ganzen Stamm zu bringen. War ein Heiler oder Schamane nur an seinem eigenen Wohl interessiert, hat er oft seine Fähigkeit verloren oder wurde selbst krank, weil sich die Magierkraft gegen ihn wendete. Ein Psychotherapeut, dem statt nur auf seinen eigenen Geldbeutel zu schauen, wirklich an der Heilung seines Klienten gelegen ist, wird unkonventionelle und überraschende Lösungen aus dem Reich des Magiers schöpfen.

Die Magierkraft ist eng verknüpft mit den Begriffen Besinnung, Reflexion und Introvertiertheit. Um Fühlung mit der Kraft aufzunehmen, die in unseren Tiefen schlummert, benötigen wir die Fähigkeit der Stille und des Nach-innen-Lauschens. Meditation, ausgiebige Spaziergänge in der Natur oder das tiefe Sich-Versenken in klassische Musik kann uns in Kontakt bringen mit dem Magier in uns. Jeder Mann, der Meisterschaft erlangt hat auf irgendeinem Gebiet, ist in Berührung mit dem Magier in sich. Wenn er dann sein

Wissen auch noch dafür einsetzt, andere ebenso zu dieser Meisterschaft zu führen, entfaltet sich seine Magierkraft zur vollen Blüte.

Besonders gebraucht wird der Magier in Krisenzeiten. Meist herrscht in solchen Zeiten innerer und äußerer Aufruhr, Chaos macht sich breit und alles gerät aus den Fugen. Ein Mann mit Magierqualität wird in genau solchen Momenten ruhig, verlangsamt das Tempo und lässt sich Raum zu erfassen, worum es wirklich geht. Oberflächliches Getöse packt ihn nicht. Stattdessen sucht er die Stille im Auge des Orkans. Mit klarem Blick erfasst er, worum es geht, und trifft die nötigen Entscheidungen. Hier arbeitet er dann eng zusammen mit dem Kriegerarchetypen in sich, der dafür zuständig ist, dass Entscheidungen entsprechend in die Tat umgesetzt werden. So ergänzen sich die verschiedenen Archetypen und bilden ein rundes Ganzes. Während der Magier der Denker ist, der rohe psychische Energien umwandeln kann in eine klare sprudelnde Quelle der Erkenntnis und des Verstehens, ist der Krieger der Archetyp der Tat. Beide benötigen sich gegenseitig, um kraftvoll wirken zu können.

Ein Architekt, der seine kunstvolle Bauplanung in Verbindung bringt mit den einzuhaltenden Gesetzen des Bauamtes und dabei das Budget und die Wünsche seines Bauherrn berücksichtigt, lässt den Magier in sich auf das Feinste walten. Magierenergie war am Werk, als ich mich zum ersten Wochenende mit den Manngeburtteilnehmern im Freien traf.

Ein Bauer als Magier

Es war Anfang März, eisig kalt, und wir hatten nur ein Tipi, um unseren Gesprächskreis abzuhalten. Ein Feuer brannte und die Tür stand offen, weil der Rauch nicht gut nach oben abzog. In kürzester Zeit entspann sich eine heftige Diskussion unter den Männern, ob das Feuer brennen und die Tür geöffnet bleiben oder ob das Feuer gelöscht werden sollte und wir uns nur mit Decken und Schlafsäcken wärmen sollten. Es gab Asthmatiker in der Gruppe, die nachdrücklich darauf verwiesen, dass sie hier nicht atmen könnten, und es gab Männer, die ebenso begründet dafür plädierten, das Feuer brennen zu lassen. Immer wieder gingen auffordernde Blicke zu mir: Ich sollte doch eine Entscheidung treffen. Das unterließ ich jedoch, weil ich mir zum einen den Ärger von mindestens einer Hälfte der Männer zugezogen hätte, egal wie ich entschieden hätte, zum anderen hatte ich das Gefühl, dass es um Grundsätzlicheres ging als um ein brennendes oder nicht brennendes Feuer. So ließ ich den Redestab weiter kreisen, bis plötzlich das gerade mal wieder geschlossene Tor des Tipis sich öffnete und der Bauer, dem das Tipi gehörte, auftauchte. Er sagte nur einen Satz: »Wenn ihr hier mit dem Feuer sitzen bleibt, werdet ihr alle ersticken!« Plötzlich war das Problem gelöst. Das Feuer wurde gelöscht und den Rest der Zeit brachten wir in Decken eingehüllt unsere Gesprächsrunde zu Ende, ohne dass irgendjemand noch mal protestiert hätte.

Der Magier zeigte sich in Form des Bauern, der klar und ohne eigene emotionale Beteiligung die Situation auf den Punkt brachte. Dieser »höheren« Wahrheit konnten sich dann alle beugen, sogar so weit, dass die weniger Kälteempfindlichen ihre Decken mit den Verfrorenen teilten, und keiner wurde krank. Darüber hinaus bot die Situation die Gelegenheit für ein Stück mehr gelebte Gemeinschaft. Sie war Kraft des Magiers geschaffen worden.

Die Schattenform des Magiers

Der Manipulant

Manchmal, wenn es auf unserem Familienkonto leer und leerer wird, keine weiteren Aufträge in Sicht sind und sich die unbezahlten Rechnungen auf meinem Schreibtisch stapeln, dann klopft der

Schattenmagier kräftig an meine Tür. In solchen Zeiten möchte der Manipulant in mir das Zepter übernehmen und ich bin in Versuchung, als Psychotherapeut meine Macht zu missbrauchen, indem ich Klienten Seminare empfehle, von denen ich weiß, dass sie momentan nicht nötig sind. Dann gibt es die Überlegung, dem Patienten eine höhere Frequenz von Einzelstunden anzuraten, obwohl vielleicht keinerlei Notwendigkeit dafür besteht. Die Menschen, die zu mir kommen, vertrauen unter anderem meiner Magierkraft und erhoffen sich Heilung. Damit übergeben sie mir ein großes Stück an Vertrauen und Macht. Diese Macht nicht zu missbrauchen und mich trotz äußerer, misslicher Umstände dem lichtvollen Magier in mir zuzuwenden, ist eine der Herausforderungen meines Berufs. Der Schattenmagier benutzt sein Wissen und seine Macht zu seinem Eigennutz.

Für ihn sind seine Mitmenschen und Kollegen nur Instrumente, um seinen Ruhm und seine Macht zu mehren. Er gibt von seinem geheimen Wissen nur so viel preis, wie es seiner Machtmehrung dient. Statt andere an seinen Fähigkeiten teilhaben zu lassen und sie so weit zu fördern, dass auch sie davon profitieren können, hält er sie klein, unwissend und verhindert ihr Wachstum. Dadurch wirkt er selbst größer.

Wir finden den Schattenmagier im Vorgesetzten, der seine Mitarbeiter runterputzt, der keine Gelegenheit auslässt, um ihnen zu beweisen, wie unwichtig sie sind. Dabei hält er wesentliche Informationen zurück, damit das Gefälle auch erhalten bleibt. Ein Mediziner, der in seinem Fachchinesisch über den Kopf des Patienten hinweg schwadroniert, hält diesen dadurch bewusst unmündig und klein. Damit kann er weiterhin auf seinem Thron der Unnahbarkeit sitzen bleiben.

Vor Kurzem habe ich von einem Patentanwalt erfahren, der seinem Klienten für ein kurzes Schriftstück eine horrende Summe Geld abverlangte. Das Patent wurde abgelehnt und der Anwalt legte dem Klienten in einem Telefongespräch nahe, dagegen Einspruch einzulegen, obwohl er erst auf Nachfrage zugab, dass die Wahrscheinlichkeit groß ist, dass es wieder abgelehnt wird. Im Laufe des Gesprächs stellte sich dann noch weiter heraus, dass er schon vor dem ersten Einreichen wusste, dass der Patentantrag keine Chance haben würde. Für das Fünfminutengespräch stellte er noch einmal eine stattliche Rechnung und nur auf großen Druck des Klienten einen Kostenvoranschlag in enormer Höhe für den Einspruch beim Patentamt. Insgesamt hätte der Klient eine gewaltige Summe für zwei kurze Schriftstücke und ein Fünfminutengespräch zahlen sollen, für etwas, von dem der Anwalt von Anfang an wusste, dass es nicht funktionieren würde. In diesem Anwalt ist der Schattenmagier in Reinform am Werk.

Die Finanzkrise ist ein Produkt von Schattenmagiern, die weltweit am Wirken waren. Geheimes Wissen wurde zurückgehalten und nur für den Eigennutz eingesetzt. An den Folgen werden wir alle noch lange zu leiden haben. Ozonloch und globale Umweltverschmutzung, Klimaerwärmung und die daraus resultierenden Naturkatastrophen sind Auswirkungen von Aktionen des Schattenmagiers. Die Nutzung regenerativer Energien, das Bauen von umweltfreundlichen Autos und Fabriken wäre schon vor Jahrzehnten möglich gewesen. Wer schon 1968 auf dem Mond landen konnte, sollte der nicht auch in der Lage gewesen sein, umweltverträgliche Autos und Industrien zu entwickeln? Nur derjenige, dessen Sinn und Verstand im Bannkreis des Schattenmagiers vom Benzindampf und Kohlendioxid und den damit einhergehenden Öl-Dollars vernebelt wurde, kann dies ernsthaft bestreiten.

Der Ahnungslose

Eine andere Variante des Schattenmagiers ist der Ahnungslose, sich Verweigernde. Auch er ist daran interessiert, Macht zu erlangen, aber nicht bereit, die Verantwortung, die diese Macht mit sich bringt, zu übernehmen. So stellt er sich dumm, wirkt nach außen naiv und eher hilflos, betreibt aber im Geheimen die Schwächung von wirklichen Magiern. Hinter seiner vorgetäuschten Naivität verbirgt sich Neid. Er legt es darauf an, uns unsere Kraft zu rauben und dabei selbst unschuldig zu bleiben. Dadurch bleibt er unangreifbar und wirkt glatt und wenig präsent. Diese Art von Schattenmagier spielt jahrelang den lieben, angepassten Ehemann und pflegt nebenher ein Verhältnis mit einer anderen Frau. Nie wird er aufbegehren oder einen Streit provozieren. Wenn das Verhältnis auffliegt, wird er sich darüber beklagen, dass ihm seine Frau zu dominant war und sich zu wenig um ihn gekümmert hat, und dann wird er gehen. Es sei denn, er ist bereit, sich seinem Magierschatten zu stellen und damit dem inneren Entwicklungsschritt der Selbsterkenntnis und der Selbstermächtigung.

Fazit: Eine der größten Aufgaben unserer Zeit ist es, Führungskräfte in Politik und Wissenschaft in Kontakt zu bringen mit dem lichtvollen Magier. Sie sollten erfahren dürfen, welche Folgen es für sie selbst hat, wenn sie weiter Diener der Urkraft des Schattenmagiers bleiben; welch nachhaltige Verbesserung der Lebensqualität sich einstellt, wenn der lichtvolle Magier wirken darf; wie beglückend es sich anfühlt, wenn der nackte Ritt auf dem Schimmel der Sonne entgegen gelingt, weil der Blick in die eigene dunkle Nacht der Seele den Blick für das Wesentliche geschärft hat. Den Blick in die dunkle Nacht der Seele bedeutet für uns Männer, uns mit unserer Machtlosigkeit auseinanderzusetzen, uns dem Teil in uns zu öffnen, in dem wir nichts mehr machen können. Wir definieren uns oft über das Tun und Machen und beziehen unseren Wert daraus. Aber was bleibt von uns, wenn wir nichts machen können?

Viele von uns sind inzwischen bei der Geburt unserer Kinder dabei. Dies ist eine der schwierigsten Prüfungen für Männer unserer

Zeit. Wir können nur danebenstehen, zuschauen und nichts machen. Für nicht wenige ist das am Ende auch zu viel. Wir haben kein Instrumentarium, das uns umgehen lässt mit den gewaltigen physischen und noch mächtigeren psychischen Energien, die sich bei einer Geburt freisetzen. Viele versuchen dennoch, etwas zu tun und streichen ihrer Frau endlos über den Kopf, obwohl das das Letzte ist, was sie vielleicht in diesem Moment braucht. Anderen wird schlecht und sie müssen gehen. Für einen Mann unserer Zeit gibt es fast nichts Schlimmeres, als nichts machen zu können. Warum ist das so? Weil der Schattenmagier sich vom Machen und der damit einhergehenden Macht nährt.

In der nächsten Übung möchte ich Dich einladen, dem Schattenmagier in Dir ins Gesicht zu blicken und damit Raum zu schaffen für den lichtvollen Magier in Dir.

Übung: Die Wachnacht

Suche Dir einen möglichst menschenleeren Platz in der Natur. Begib Dich etwa zwei Stunden vor Sonnenuntergang dorthin. Ausgerüstet bist du mit einer Isomatte, einem Schlafsack oder dicken Decke, einem Regenschutz (Umhang oder Ölzeug oder Ähnliches), zwei Litern Wasser (nichts zu Essen). Sobald Du Deinen Platz erreicht hast, eröffnest Du Dein Magierritual, indem Du eine kleine Zeremonie gestaltest, die den Beginn des Rituals kennzeichnet. Danach beginnst Du mit herumliegenden Steinen oder Hölzern einen Kreis zu bauen, gerade so groß, dass Du gut darin sitzen kannst. Du solltest nicht liegen können. Beim Bauen kannst du jedem Stein eine Bedeutung geben: dieser Stein steht für meine Frau, dieser Stein für mein Kind, dieser Stein für meinen Mut. Achte jedoch darauf, dass Du Bedeutungen wählst, die Dich stärken und schützen. Wenn Du mit dem Kreis fertig bist, lässt du den letzten Stein als Tor offen. Du richtest alles, was du für die Nacht brauchst, in den Kreis, damit du in der Nacht den Kreis nicht mehr verlassen musst.

Es wäre auch gut, wenn ein Freund oder eine Freundin bei Dir sein könnte, als Zeuge für die Zeremonie und als Schutz, falls Deine Gefühle zu mächtig werden. Du bittest im Beisein des Freundes alle positiven Kräfte und Schutzkräfte um Unterstützung für Dein Magierritual. Unter Zeugenschaft Deines Partners sprichst Du folgenden Satz: »Ich lade den Magier und den Schattenmagier in mir ein, sich in ihrer ganzen Größe zu zeigen.« Du verabschiedest dich von deinem Begleiter, der aber in Rufbereitschaft sein sollte, falls er gebraucht wird. Du betrittst den Kreis und schließt ihn von innen. Nun geht es darum, die ganze Nacht wach zu bleiben und nichts zu machen. Du kannst sitzen und du kannst stehen, ansonsten gibt es nichts zu tun. Wenn etwas aus dir heraus entstehen möchte, musst du es nicht verhindern, aber es sollte keine Handlung sein, die aus der Absicht des Sich-Ablenkens kommt. Wenn du etwas machst (tanzen, singen, schreien, beten oder was auch immer), dann nur weil es natürlich als klarer innerer Impuls aus dir herausdrängt und nicht, um irgendeiner Sache Willen, beispielsweise um wach zu bleiben oder um Langeweile nicht spüren zu müssen.

Feuer zu machen ist nicht erlaubt. Es geht darum, die Nacht im Kreis wachzubleiben. Wenn du pinkeln musst, pinkelst du einfach über den Kreis hinaus. Du bleibst so lange im Kreis, bis die Sonne aufgeht. Dann öffnest du den Kreis, trittst heraus, verteilst die Steine auf eine Weise, als wäre nie jemand an diesem Ort gewesen, bedankst Dich bei dem Ort und den positiven Kräften, die du am Abend vorher gerufen hast, und schließt das Ritual mit derselben Zeremonie, wie du es am Tag vorher eröffnet hast. Danach verlässt du den Ort und kehrst mindestens ein Jahr nicht mehr dorthin zurück.

Gefühle sind willkommen

Zu Hause schreibst du deine Erfahrung in dein Tagebuch oder noch besser, Du erzählst Deine Geschichte deinem Zeugen. Die Gestaltung des Geschichtenerzählens und des Spiegelns sollte genauso verlaufen, wie schon beim Kapitel »Medizinwanderung« ausführlich erzählt (siehe S. 35–38).

In der Nacht und noch mehr beim Geschichtenerzählen wirst Du viel über Deinen Magier und Schattenmagier verstehen. Wenn Du Dich ernsthaft auf das Ritual einlässt, wird diese Nacht dazu beitragen, dass sich ein Stück Deines Schattenmagiers in seine lichtvolle Kraft verwandeln wird. Sollten starke, heftige Gefühle während dieser Nacht auftauchen, dann schaue sie Dir an, identifiziere Dich nicht damit. Da zeigt sich vielleicht Dein Schattenmagier, und indem er sichtbar werden kann, indem er angeschaut wird, verliert er seine Macht und Bedrohung und kann sich verwandeln. Meist hilft es, wenn die Gefühle einen Ausdruck finden dürfen. Wenn Dir also zum Weinen, Schreien, Toben, Singen zumute sein sollte, dann lass es zu.

Wenn die Gefühle so stark werden sollten, dass Du meinst, sie nicht ertragen zu können, dann brich das Ritual ab. In diesem Fall ist es vielleicht sinnvoll, dass Du Dir professionelle Hilfe in Form von Psychotherapie holst, um Deine Schattenseiten anzuschauen.

Wichtig bei einem derartigen Ritual ist es, seine eigenen Grenzen zu achten und nichts erzwingen zu wollen. Daher sollten nur »gesunde Durchschnittsneurotiker« teilnehmen. Für Psychotiker und Schizophrene ist das Ritual nicht geeignet.

DER KÖNIG

Als ich dem spirituellen Lehrer Sri Parthasarati Rachagopalachari zum ersten Mal begegnete, beeindruckte mich seine kraftvolle, gesammelte, gelassene, alles einnehmende Ausstrahlung.

Zugleich war da eine Milde und Tiefe in seinen Augen, als würde man durch ihn hindurch in die Unendlichkeit des Universums blicken. Seit diesem ersten Kontakt sind mehr als 10 Jahre vergangen und ich habe ihn inzwischen in den unterschiedlichsten Situationen mit Schülern erlebt.

Nicht ein einziges Mal hat er unangemessen auf einen Menschen oder eine Situation reagiert. Das heißt nicht, dass er immer nur milde lächelt. Im Gegenteil habe ich ihn schon wütend erlebt, habe zurechtweisende Vorträge darüber gehört, wie wir Europäer mit unserer Sexualität umgehen und uns unseren alten Angehörigen gegenüber verhalten. Er kann mit einem einzigen Wort oder manchmal nur einem einzigen Blick Dämme brechen lassen, die schon ewig darauf warten, endlich brechen zu dürfen, in seiner Gegenwart gibt es erdrutschartige seelische und psychische Veränderungen

Durch seine Schaffenskraft hat er in den letzten 30 Jahren über 50 spirituelle Zentren weltweit gegründet. All das, ohne einen einzigen Cent in die eigene Tasche zu wirtschaften. Du wirst Dich jetzt fragen, weshalb ich hier so begeistert von diesem Mann erzähle: Er ist für mich das lebende Beispiel eines verwirklichten, lichtvollen Königsarchetypen.

Der König in seiner Kraft

Laut Robert Moore und Douglas Gillette, deren Standardwerk »König, Krieger, Magier, Liebhaber« ich einen Großteil meines theoretischen Wissens über Archetypen verdanke, gibt es zwei wesentliche Funktionen, die der vollendete König ins Leben bringt. »Erstens, das Schaffen einer natürlichen Ordnung, und zweitens, das Bringen von Fruchtbarkeit und Segen.« Genau dies erleben Menschen in der Gegenwart des spirituellen Lehrers, Sri Parthasarati Rachagopalachari. Er bringt die innere Ordnung, die immer da ist, häufig aber unter einer Schicht von Unwissenheit, Angst und Stolz verborgen liegt, wieder zum Vorschein. Oft lösen sich die Fragen seiner Schüler regelrecht auf, wenn sie bei ihm sind, wenn sie seine ordnende Kraft spüren.

Auch ich habe diese Erfahrung gemacht. Ich wurde bei einem längeren Meditationsseminar mit ihm von Stunde zu Stunde, von Tag zu Tag ruhiger. Eine stille, aber überwältigende Gewissheit machte sich in mir breit, in der ich spürte, dass ich in Ordnung bin, dass alles in Ordnung ist. Obwohl ich weiß, dass es eine Fülle an Problemen im Leben und in der Welt gibt, die gelöst werden wollen, verspürte ich diese Sicherheit. Dieses dringliche Machen und Tun, zu dem der Verstand drängt, verliert bei dieser Art Erfahrungen an Gewicht und an seine Stelle tritt eine unwiderstehliche Klarheit. Dieser Zustand verändert meine Haltung so, dass ich voller Zuversicht und Selbstvertrauen zur Tat schreite. Ich gebe mein Bestes, bringe vollen Einsatz, tue, was getan werden muss, aber immer mit der Gewissheit, dass das Ergebnis nicht in meinen Händen liegt. So zu agieren, bedeutet, sich einer natürlichen Ordnung anzuvertrauen, und führt zu tiefster Gelassenheit im Tun. Es entlastet.

Ein wahrer König ist Diener seines Volkes

Wahre Königskraft weiß um dieses Prinzip natürlicher Ordnung und handelt entsprechend. Daraus entsteht ganz von selbst eine dienende Haltung, die Voraussetzung für wahre Königsqualität. Ein wirklicher König dient seinem Volk, indem er dem Höheren oder wenn man so will dem Göttlichen dient. Er hat immer das

Wohl des großen Ganzen im Blick. Selbstherrliche und eigennützige Entscheidungen sind ihm fremd. Dadurch kommt auch seine zweite Eigenschaft, frucht- und segenbringend zu sein, zum Tragen.

Einem wirklichen König liegt es am Herzen, seine Untertanen in einer Weise zu fördern, dass das Beste in ihnen aufscheint. Das wiederum bringt das ganze Land voran und macht es fruchtbar. Nicht auszudenken, wie es mit unserem Land bestellt wäre, wenn unsere Politiker tatsächlich Königsenergie verbreiten würden.

Stell Dir einmal einen Chef vor, der ein wahrer König wäre. Er würde Dich fördern und fordern, auf dass Du mit deiner ganzen Kraft erblühst. Wenn es knifflige Entscheidungen zu treffen gibt, trifft er sie und steht auch zu den Konsequenzen, ohne sie auf Dich abzuwälzen. Wenn es einen Erfolg zu verzeichnen gilt, teilt er ihn gerecht mit allen, die daran beteiligt sind. Ihm liegt Dein Wohlergehen am Arbeitsplatz ernsthaft am Herzen, weil er weiß, dass nur derjenige, der sich in seiner Arbeit wohlfühlt, sein Bestes geben kann. Ihn interessiert, was Du zur Lösung von betriebsinternen Problemen zu sagen hast, weil nur die Vielfalt an Qualitäten und Talenten im Betrieb ein optimales Ergebnis hervorbringen kann. Er setzt Grenzen, wo es nötig ist, Grenzen zu setzen, weil sich sonst Zerstörerisches durchsetzen würde. Er ist in der Lage, Projekte in die Welt zu setzen, indem er Teams formt, die besetzt sind von einem ausgeprägten Magierarchetyp, der in der Lage ist, Probleme wie kein anderer in gedanklicher Tiefe zu erfassen, von einem Kriegerarchetyp, der kraftvoll und mutig getroffene Entscheidungen in die Tat umsetzt und von einem Liebhaberarchetyp, der darauf achtet, dass bei aller Arbeit das Atmosphärische, die gute Stimmung nicht zu kurz kommt.

Nicht umsonst kam die Euphorie bei der Amtseinführung des amerikanischen Präsidenten Barack Obama der Inthronisation eines Königs gleich. Viel mehr als sein Amtsvorgänger vereint er viele dieser Königsqualitäten in sich. Die tiefsten Sehnsüchte der

Menschen auf der ganzen Welt wurden in diesem Moment angesprochen. Die Sehnsucht nach einem fruchtbringenden, segnenden König, der um die natürliche Ordnung des Universums weiß, und bereit ist, ihr zu gehorchen. Viele Elemente seiner Antrittsrede waren genau von dieser Qualität geprägt. Königskraft wirkt weit über den persönlichen Rahmen hinaus und ist dennoch verknüpft mit positiver Vaterenergie, dem guten fördernden, segnenden Vater.

Der segnende Vater

Was Vaterenergie heißt, durfte ich erst vor Kurzem erleben, als ich die Hochzeitszeremonie eines befreundeten Paares leitete. Ein Teil der Zeremonie, die wir erarbeitet hatten, war es, den Segen für die Hochzeit von den Eltern zu erbitten. Der Bräutigam hatte seinen Vater zur Hochzeit eingeladen, obwohl dieser ihn ein Leben lang verleugnet hatte. Ursprünglich wollte der Vater nicht kommen, aber der Sohn ließ nicht locker, sprang mehrmals über seinen Schatten und bat den Vater immer wieder, zur Hochzeitzeremonie zu kommen. Am letzten Tag sagte der Vater zu und kam, nicht wissend, dass er sogar in die Zeremonie miteinbezogen werden sollte. Als es so weit war, ging der Sohn vor 100 geladenen Gästen auf seinen verblüfften Vater zu und bat ihn um seinen Segen für die Hochzeit. In so einem Moment zählt nicht mehr, was einmal war, sondern nur, was jetzt ist. Das war in diesem Fall das weit offene Herz des Sohnes, der da in seiner ganzen Königsqualität vor seinem Vater steht und um dessen Segen bittet. In diesem Moment konnte der Vater nicht anders, als auch sein Herz zu öffnen, sich zu seinem Sohn zu bekennen und ihm den Segen zu erteilen. Damit kam auch der Vater mit seiner Königskraft in Berührung. Da haben wir wieder ein Beispiel dafür, dass sich im Kontakt mit der Königskraft eine natürliche Ordnung einstellt und mit ihr dürres Land fruchtbar wird.

Welche Männer würden unser Land bevölkern, wären wir Väter,

die in der Lage sind, ihre Söhne und Töchter zu segnen, ihnen den Halt zu geben, den sie brauchen, das Vertrauen zu schenken, dass sie es wagen ihr Bestes zu zeigen; Trost zu spenden, wenn es nötig ist und auf positive Weise zu fordern, wenn es dem Wachstum dient? Wie würden unsere Beziehungen gedeihen, wenn wir unseren Frauen dienen könnten, nicht um uns klein zu machen, sondern aus unserer würdenvollen Königskraft heraus, um damit die Königin in ihr zu erwecken?

Nie werde ich vergessen, wie ich einst in Indien in einer Hängematte schaukelnd von der Putzfrau gebeten wurde, ihr den Schlüssel meines Appartements auszuhändigen, damit sie es reinigen konnte. Diese einfache Frau war in einer Würde und einer natürlichen Größe vor mir erschienen, dass ich nicht anders konnte, als auf der Stelle aus meiner Hängematte zu hüpfen und Haltung anzunehmen. Sie war zwar mir zu Diensten, um meinen Dreck zu beseitigen, aber ihre königliche Ausstrahlung gab mir das Gefühl, dass ich derjenige bin, der etwas zu bereinigen hat und zwar in mir. Was durchaus stimmte. Da war sie wieder, die natürliche Ordnung. Um den König in uns hervorzubringen, braucht es königlichen Löwenmut, mit dem wir uns der Fratze unseres Schattenkönigs entgegenstellen, um sie in den funkelnden Diamanten, der wir eigentlich sind, zu verwandeln.

Die Schattenform des Königs

Der Tyrann

Vor bald 70 Jahren haben unsere Eltern und Großeltern und die Menschen in ganz Europa am eigenen Leib erfahren, welch verheerende Kraft der Schattenkönig entfalten kann. Adolf Hitler war das Abbild eines Tyrannen. Der Schattenkönig stellt nur seine eigenen Interessen in den Mittelpunkt und setzt alles daran, diese zu verwirklichen. Dabei verachtet er Schwäche, denn sie würde ihn mit seiner eigenen Schwäche konfrontieren. Ein Schattenkönig ist im Grunde nicht wirklich stark, gelassen und fruchtbar. Tief in seinem Inneren weiß er das und er muss mit aller Macht vermeiden, dass auch die anderen das erfahren. Dann nämlich wäre sein Reich bedroht. Deshalb wird er alles, was schwach ist oder so aussieht, ausrotten. Da er sich nie sicher sein kann, ob seine eigentliche Schwäche nicht doch irgendwann entdeckt wird, kann er keinem trauen, findet er nie zur Ruhe und wird in seinem Regiment immer rigoroser und grausamer. Widerspruch oder Kritik kratzen an seiner Fassade und können absolut nicht geduldet werden. Im Dritten Reich zeigte sich darüber hinaus die andere Seite des Schattenkönigs, nämlich als Massenphänomen. Es handelt sich hier um den Schwächling, der sein Fähnlein nach dem Wind hängt. Derjenige, der keine eigene Königsidentität besitzt, übergibt sie an einen Führer, der sie vermeintlich hat. Damit sind dem Verführung Tür und Tor geöffnet. Hunderttausende von Männern sind damals, ihre eigene Königsqualität an das Banner eines Führers heftend, in den Tod marschiert.

Immer dann, wenn wir nicht in Verbindung sind mit unserem eigenen König und unsere Verantwortung ungeprüft an einen Führer abtreten, regiert der Schwächling in uns. Er hat die gleiche vernichtende Wirkung wie der Schattenkönig in Tyrannenform. Ganz oft, wenn wir an unsere Grenzen stoßen, sei es aus Erschöpfung oder Überforderung, kann es sein, dass der Tyrann an unsere Tür klopft. Dann wollen wir nur noch unsere Bedürfnisse und Interessen erfüllt haben und sonst nichts. In solchen Momenten sind uns die Wünsche und Interessen Anderer egal. Angestellte, die nur ihre Ellenbogen ausfahren und nach der eigenen Karriere schielen, sind schlechte Verwalter des ihnen anvertrauten »Reichs«, haben keine Ahnung vom dienenden Aspekt ihrer Rolle und befinden sich daher voll im Griff des Schattenkönigs.

Als kleiner Bub spielte ich für mein Leben gern Fußball und mein Vater ebenfalls. So war dies eine der Gelegenheiten, etwas zusammen zu tun, was uns beiden Spaß brachte. Leider endete es fast immer in einem Desaster. Mein Vater musste mir jedes Mal beweisen, dass er der Bessere war, und schoss mit einem harten Lederball in einer Schärfe, dass ich irgendwann mit brennenden Fingern oder einem anderen schmerzenden Körperteil weinend wegrannte. Sobald ich alt genug war, tatsächlich eine Chance gegen ihn zu haben, spielte er nicht mehr mit mir. Der Schattenkönig in ihm hatte nur eines im Sinn, nämlich sich auf meine Kosten zu erhöhen und mir zu beweisen, dass er der Stärkere ist und ich ein weichlicher Schwächling, der die Härten des Fußballspiels nicht aushalten kann. Im Grunde hat er seine schwache Seite verachtet. Die musste dann an mir bekämpft werden.

Tyrann und Schwächling

Missbrauch, körperliche Misshandlungen und seelische Grausamkeiten sind ebenfalls Ausprägungen des Schattenkönigs. Ein Chef, der die Bedürfnisse und Belange seiner Mitarbeiter ignoriert, nie ein lobendes Wort findet, von seinen Angestellten erwartet, dass sie wie Maschinen funktionieren und möglichst keine Unannehmlichkeiten bereiten, ist vom Schattenkönig infiziert. Alles Fruchtbare, Kreative, Starke, gepaart, womöglich noch mit Eigeninitiative, muss vom Schattenkönig unterdrückt werden, weil es Neues hervorbringt, das das eigene Reich bedrohen könnte. So kommt es, dass Projektleiter sich mit den Federn ihrer Kollegen schmücken, um diese möglichst klein zu halten.

Ein innerlich abwesender Vater verhindert, dass seine Kinder mit ihrer Pracht und Fülle gedeihen können. Auch in dieser Form wirkt der Schattenkönig. Männer, die sich immer der Meinung ihrer Frau unterwerfen, keine eigenen Impulse einbringen und aus Angst vor

Streit möglichst ohne große Reibungsverluste durch den Hafen der Ehe schippern wollen, unterliegen in Form der Schwächlingsvariante genauso dem Schattenkönig, wie der Patriarch, der zu Hause mit der Fernbedienung in der Hand keine Widerrede duldet. Unsere Büros, Vorstandsetagen und Zentren der Macht sind voll von Menschen mit Königsmacht, ohne jedoch die Qualitäten eines Königs in sich entwickelt zu haben. Stattdessen wirkt dort überwiegend der Schattenkönig und trägt Krieg, Hunger und Leid in die Welt. Männer unserer Zeit sind aufgerufen, sich dem Schatten in ihrem Königreich zu stellen, damit der Samen der Fruchtbarkeit und der Segen bringenden Urkraft des Königs aufgehen kann.

Die Fülle an Problemen, die weltweit angepackt werden müssen, schreien nach einer Männlichkeit, die reif, weitsichtig und vor allem dem Wahrhaften in uns dienend voranschreitet und sich dabei dem Schatten in den Weg stellt und ihn als solchen entlarvt.

Jeder Mann ist als Erstes dabei sich selbst und seinen Nächsten verpflichtet. Die große Veränderung beginnt im Kleinen: bei mir, in der eigenen Familie, im nahen Umfeld. Zu oft habe ich Männer mit hehren Zielen losmarschieren sehen. Sie wollten die Umwelt retten oder ein tolles soziales Projekt aus der Taufe heben und sind schlussendlich am eigenen Schattenkönig gescheitert. Es waren Männer, die plötzlich in der Verfolgung ihrer Ziele selbst tyrannisch handelten und damit alle Mitstreiter verscheuchten oder auf anderer Ebene Widerstand hervorriefen. Manche verbringen ein Leben damit, gegen Missstände aufzubegehren und anzukämpfen. Sie beklagen sich über mangelnde Solidarität und Loyalität, ohne dabei zu sehen, dass sie selbst die Ursache sind für ihr Scheitern. Der Schattenkönig in uns will umarmt werden, damit sein Regiment unter der Sonne unseres Herzens schmelzen kann.

Übung: Die Wunde

Dazu eine afrikanische Geschichte:

Das Märchen vom Jäger und seinem Sohn

Ein Jäger und sein Sohn gingen eines Tages in den Urwald, um ihren Beruf auszuüben. Sie jagten den ganzen Morgen und fanden nichts weiter zu essen als eine kleine Ratte. Der Vater gab die Ratte seinem Sohn, damit er sie trage. Sie erschien dem Sohn jedoch nicht wichtig, und er warf die Ratte in den Busch. Im Laufe des Tages sahen sie kein anderes Wild. Als die Dämmerung hereinbrach, machte der Vater ein Feuer und sagte: »Bring die Ratte Sohn, damit wir sie braten können. So haben wir wenigstens etwas zu essen.« Als er hörte, dass der Sohn die Ratte fortgeworfen hatte, wurde er sehr böse. In seinem Zorn schlug er seinen Sohn mit der Axt und wandte sich ab. Er kehrte heim und ließ seinen Sohn am Boden liegend zurück …

Die Geschichte hat eine Fortsetzung, die jedoch für die anstehende Übung ohne Bedeutung ist. Da wirkliche Königsqualität in der Auseinandersetzung mit dem Vater entwickelt wird, ist die Geschichte mit dem eigenen Vater fast immer auch die Basis für die Ausprägung unseres Schattenkönigs. Dahinter liegt oft eine Wunde, die uns vom Vater physisch oder auf andere Weise geschlagen wurde, ähnlich wie dem Jungen in der Geschichte.

Male nun mit Fingerfarben oder Wasserfarben Deine Wunde, die Dir von Deinem Vater geschlagen wurde an die entsprechende Körperstelle auf die Haut. Lasse sie dort mindestens einen halben Tag und eine ganze Nacht. Achte auf deine Träume in dieser Nacht. Am nächsten Morgen beginnst Du einen Brief an deinen Vater, den Du aber bitte *nicht* an ihn abschickst. In diesem Brief rechnest Du mit Deinem Vater ab. Du schreibst, was er Dir an Wunden und Schmerzen im Laufe deines Lebens alles zugefügt hat. Du drückst darin all Deine Wut, Deinen Schmerz, Deine Trauer, deine Angst aus, die diese Verletzungen in dir ausgelöst haben. Du schreibst so lange, bis nichts mehr zu sagen ist, weil alles gesagt ist und es ruhig ist in deinem Herzen, wenn du an deinen Vater denkst. Der Prozess des Briefschreibens kann unter Umständen Wochen dauern. Sei gründlich und lass Dich nicht mit einem vordergründigen Scheinfrieden besänftigen. Du hörst wirklich erst dann auf, wenn alles, tabulos alles, was in Dir bezogen auf deinen Vater haust, aufs Papier gekommen ist. Das kann dauern und ungeahnt viel sein. Wenn es zu viel wird, mach Pausen und lass den Brief ein paar Tage ruhen. Manchmal regt sich zu Beginn wenig bis gar nichts. Auch dann lass den Brief ruhen, bis sich etwas bewegt. Wichtig ist nur, dass ein Anfang gemacht wird. Wenn Du alles gesagt hast, stellst Du ein Foto Deines Vaters vor Dich hin und legst den Brief dazu. Dann verneigst Du Dich vor deinem Vater tief mit folgenden Worten: »Papa, ich danke Dir fürs Leben und für alles, was ich von Dir bekommen habe. Ich mache das Beste daraus. Dir und mir und unserer Männersippe zu Ehren.« Dann stehst Du auf und sagst ihm folgende Worte: »Ich gehe nun meinen eigenen Weg. Bitte gib mir Deinen Segen!«

Lass Dir Zeit zu spüren, was die Verneigung und die Worte mit Dir machen. Vor allem in dem Moment, in dem Du um den Segen bittest. Sollten an irgendeiner Stelle noch Widerstände gegen das Verneigen oder die Sätze in Dir sein, bist Du vermutlich noch böse auf Deinen Vater. Dann solltest Du an Deinem Brief weiterschreiben und das Verneigungsritual auf einen späteren Zeitpunkt verschieben. Wenn die Verneigung und die Sätze möglich sind und sich ein Gefühl der Befreiung in Deiner Brust eingestellt hat, dann kannst Du das Ritual beenden, indem Du den Brief verbrennst, vergräbst oder zerreißt und ihn dem Wind oder fließendem Wasser übergibst.

DER KRIEGER

Selten habe ich nach einem Selbsterfahrungsseminar so viele leuchtend glänzende Männeraugen gesehen, wie nach dem Kriegerwochenende im Manngeburtzyklus. Wie ist das zu erklären? Noch dazu, wenn man weiß, dass fast alle Männer mit kleineren Blessuren, wie blauen Flecken, und durchaus auch mit größeren, die sie noch einige Monate spüren würden, aus diesem Wochenende hervorgingen?

So verließ der sanftmütige Sozialpädagogikstudent mit stolzgeschwellter Brust, fast hätte ich gesagt: das Schlachtfeld, den Seminarort. Es erzählte der mittfünfziger Finanzwirt erst im nächsten Treffen nicht minder stolz, dass er sich zum ersten Mal in seinem Leben einer körperlichen Auseinandersetzung gestellt und sich dabei verletzt habe, dass der körperliche Schmerz, den er noch immer empfinde, zugleich wie eine Befreiung auf ihn wirke. Er habe sich jedoch trotz der Schmerzen selten so vital, lebendig und kraftvoll erlebt wie in dieser Zeit.

Wie kann es sein, dass ein Angriff auf die körperliche Unversehrtheit solche Reaktionen bei zivilisierten, normalerweise friedfertigen Männern hervorruft? Für mich gibt es dafür nur eine Erklärung. Der Kriegerarchetyp ist der am meisten tabuisierte Archetyp in unserer Gesellschaft. Er ist derjenige, der am wenigsten Anerkennung und Raum bekommt. Es gibt kaum gesellschaftlich anerkannte Orte und Wege, die diese männliche Urkraft zulassen, geschweige denn sie auf rechte Weise kanalisieren. Das hat viel mit unserer Geschichte und der Emanzipationsbewegung der letzten 40 Jahre zu tun. In ganz bestimmter Hinsicht waren die Leidtragenden des Zweiten Weltkrieges wie in den meisten Kriegen die Frauen.

Fehlgeleitete Kriegerenergie führte zu massenhaften Vergewaltigungen und anderen Grausamkeiten gegenüber Frauen und Kin-

Die Kriegerenergie zu entwickeln macht Spaß. Denn wann dürfen Männer ihre körperlichen, im besten Sinn aggressiven Kräfte so zum Einsatz bringen, dass sie sich wohl fühlen, aber auch für ihre Seele etwas getan haben?

dern. Da wundert es nicht, dass die Frauenbewegung zuvorderst die Kriegerenergie und mit ihr den Archetypen aufs Korn nahm. Die Friedensbewegung, sehr durch die Frauenbewegung geprägt, verbannte von nun an Kriegsspielzeug, alle Arten von Waffen und jede Form kriegerischen Auftretens. Der sanfte, einfühlsame, empfindsame Mann, der sich um Haushalt und Kinder gleichberechtigt kümmert, war nun angesagt.

In diesem Klima bin ich aufgewachsen. Jede männliche, »kriegerische« Attitüde war mir suspekt. In einem Gedicht aus meiner Jugendzeit lehnte ich mich gegen das Mannwerden und jedes männliche Gebaren auf. Und ich beschwerte mich, dass immer wir Männer es sein sollen, die auf die Frauen zugehen und sie erobern sollen, und lamentierte, warum nicht die Frauen beim Flirten den ersten Schritt tun könnten. Erst heute verstehe ich, dass Kriegerenergie etwas mit Vorwärtsschreiten zu tun hat. Dass es Kriegerenergie braucht, um sich zeigen zu können, aber auch um Niederlagen einstecken und daraus gestärkt hervorgehen zu können.

Abgeschnittene Männlichkeit

Erst viel später verstand ich, dass ich mir aufgrund meiner Erziehung und des herrschenden Zeitgeists einen wesentlichen Teil meiner reifenden Männlichkeit abgeschnitten hatte.

Besonders deutlich zeigte sich das in meiner Sexualität. Entweder kam es gar nicht dazu, weil sich die Frauen, denen ich so verständnisvoll bei ihren Problemen zuhörte, für die Paarung Männern zuwandten, die diese Kriegerenergie lebendig in sich trugen. Oder mir war durch vorzeitigen Samenerguss das Eindringen unmöglich. Im wahrsten Sinne des Wortes fehlte mir Standfestigkeit und Stabilität, die aus dem gelebten Kriegerarchetyp entspringt. Psychologisch ausgedrückt, könnte man auch sagen, dass sich mein Schwanz dafür rächte, dass ich diesem Aspekt meines Daseins so wenig Aufmerksamkeit und Anerkennung schenkte.

Dieser Umstand führte zu einer tiefen Verunsicherung, die ich mir wiederum nicht eingestehen wollte. So drängten massive, ungelöste innere Spannungen nach Entladung und äußerten sich in unkontrollierten Wutanfällen, die zu unnötigen seelischen Verletzungen meiner Partnerinnen und meiner selbst führten. Hier meldete sich der Krieger in seiner Schattenversion. Es ist eine Illusion, dass Du Anteile, die Dir unangenehm sind, folgenlos in den Untergrund verdrängen kannst. Auch der Kriegerarchetyp ist eine Urkraft, die in jedem Mann wirkt, ob uns das passt oder nicht. Ob diese Kraft in Dir positiv oder zerstörerisch wirkt, liegt im Grad der Bewusstheit über diese Energie und der Fähigkeit, sie konstruktiv zu kanalisieren. Ein Chirurg hat gelernt seine Kriegerenergie zur Heilung von Menschen konstruktiv einzusetzen. Er braucht Kriegerenergie, um den aggressiven Akt beispielsweise des Aufschneidens einer Bauchdecke vollziehen zu können. Ohne diese Kraft könnte er seine Arbeit nicht verrichten. Die gleiche Kraft wirkt in fehlgeleiteter Form im jugendlichen Amokläufer, der in wenigen Minuten ein Massaker veranstaltet, das in einem verheerenden Blutbad viele Menschenleben zerstört.

An diesen beiden Beispielen wird deutlich, dass Du nicht umhin kannst, Dich mit dieser männlichen Urkraft zu konfrontieren und damit zu lernen, sie in Deinen Dienst und in den Dienst der Menschheit zu stellen. Es ist an der Zeit, dass unsere Augen wieder den Glanz entwickeln, der aus der Lebendigkeit des erfüllten Kriegerarchetypen entsteht, der uns kraftvoll voranschreiten, Krankes abschneiden und dadurch Neues gedeihen lässt.

Der Krieger in seiner Kraft

Eines der Kennzeichen von positiver Kriegerenergie ist, dass sie statt der persönlichen Erhöhung einem Ideal dient. Vollendete Kriegerenergie befindet sich im Einklang mit universellen Gesetzmäßigkeiten und dient der Fortentwicklung der Menschheit und des Lebens. Nicht egozentrierte Ziele liegen im Fokus des Kriegers, sondern der Blick auf das Ganze, das Wohl und Wehe der Gemeinschaft, sowohl der Familie, dem Betrieb, dem Verein als auch dem Volk, der Natur und der Weltgemeinschaft. Kriegerenergie ist eng verknüpft mit

Disziplin, reaktionsschnellem Handeln, klarem, blitzschnellem, emotionslosem Denken. Kriegerenergie lässt uns vorwärtsschreiten und zupacken. Zörgerliches Abwägen und dann doch noch mal Überdenken ist nicht die Sache des Kriegers. Ein Krieger hat seinen Geist geschult und trainiert, ist achtsam und wachsam für feinste Schwingungen und in der Lage reflexartig das Notwendige zu tun. Seine eigenen Gefühle und Emotionen stellt er in den Hintergrund. Stattdessen unterwirft er sich ganz der Aufgabe, die er höher als seine persönliche Angelegenheit erachtet. Dadurch verstrickt er sich auch nicht in persönliche Beziehungen, die ihn vom Eigentlichen ablenken könnten.

Dabei läuft der Krieger jedoch Gefahr in seine Schattenversion zu kippen. Die islamischen Gotteskrieger, die durch ihre Selbstmordattentate unsäglich viel Leid verursachen, tragen viele der oben beschriebenen Eigenschaften. Aber sie sind nicht in Verbindung mit den anderen Archetypen: dem Magier, der sie unterscheiden ließe, was Verblendung ist und was tatsächlich einer höheren Wahrheit dient; dem König, der sie spüren ließe, was wirkliche Fürsorge für das eigene Volk ausmacht; dem Liebhaber, der sie empfänglich werden ließe für das Leid, das sie anrichten. Der Krieger in seiner ganzen Kraft nimmt immer auch Fühlung auf zu den anderen Archetypen und stellt sich in ihren Dienst. Ein Krieger dieser Qualität wird nur insoweit aggressiv handeln, wie die Situation es verlangt. Die rechte Dosierung gelingt ihm durch klares Denken und Unterscheidungsfähigkeit. Dadurch wird er zum Strategen und Taktiker. Er weiß, was er will und wie er es bekommt. Hierfür braucht er auch die Fähigkeit, flexibel zu sein, um sich schnell auf neue Situationen einzustellen. Da der Krieger weiß, wie kurz und zerbrechlich das Leben ist, handelt er immer so, als wäre sein Leben im nächsten Augenblick zu Ende. Dies erzeugt eine Intensität im Leben des Kriegers, wie sie anderen Menschen nicht bekannt ist. Es entsteht eine hohe Verantwortlichkeit für die eigenen Handlungen und ein gutes Maß an Selbstdisziplin. Er hat gelernt seinen Körper und seinen Geist zu beherrschen und als Instrument für sein überpersönliches Handeln zu nutzen.

Der Samurai

Hierzu erzählen Moore / Gillette in Ihrem Buch »König, Krieger, Magier, Liebhaber« die Geschichte eines Samurais, der einem Fürsten dient:

> **Sein Gebieter wird von einem Mann aus einem rivalisierenden Herrscherhaus getötet, und der Samurai schwört, seinen Tod zu rächen. Lange Zeit verfolgt er den Mann unter persönlichen Opfern und Entbehrungen und spürt den Mörder schließlich nach zahllosen Fährnissen auf. Er zieht sein Schwert, um ihn zu töten. In diesem Augenblick spuckt ihm der Mörder ins Gesicht. Der Samurai tritt einen Schritt zurück, steckt das Schwert in die Scheide, dreht sich um und geht fort. Warum?**
> **Er ging fort, weil ihn das Bespucktwerden wütend gemacht hatte. Er hätte in diesem Augenblick den Mörder aus Zorn getötet, nicht aus Verpflichtung gegenüber dem Ideal, das sein Herr repräsentierte. Das Ich und die eigenen Gefühle hätten den Mann gerichtet, nicht der innere Krieger. Um zu seiner Berufung als Krieger zu stehen, musste er fortgehen und den Mörder am Leben lassen.**[3]

An dieser Geschichte wird noch einmal deutlich, dass sich ein wahrer Krieger nicht von seinen persönlichen Gefühlen leiten lässt, sondern immer einem höheren Ideal verpflichtet ist. Die Vergangenheit

---

3 Gillette / Moore: König, Krieger, Magier, Liebhaber, S.117

hat einige Herzenskrieger hervorgebracht, wie beispielsweise Jesus Christus.

40 Tage lang hat er fastend in der Wüste alle Entbehrungen ertragen, sich den Versuchungen des Teufels gestellt und widerstanden. Auch die Geschichte im Tempel, wo er voll Zorn die Tische der Handel treibenden Pharisäer umwirft, zeugt von seiner kriegerischen Kraft, die nichts mit persönlicher Emotion zu tun hat. Vielmehr zeigt sich hier sein heiliger Zorn, der nicht vor Isolation und Ächtung durch die Gesellschaft zurückschreckt.

Der kriegerische Aspekt Jesu, der in vielen Aspekten seines Lebens zum Tragen kommt, geht in seiner heutigen Darstellung leider nahezu vollständig verloren und damit ein wesentlicher kraftvoller Aspekt seines inneren Bildes für uns. Auch Buddha war ein spiritueller Krieger, der alle erdenklichen Entbehrungen auf sich nahm und ertrug, um der Wahrheit zu dienen; und die nordamerikanischen Indianer, die bereit waren, für die enge Verbindung von Mensch und Natur furchtlos zu sterben, kämpften für ein spirituelles Ideal. Warum sind Filme wie *Rambo, Full Metal Jacket* oder die asiatischen Kampffilme solche Kassenmagneten? Sie sprechen eine Seite in uns an, die tief in uns ein Schattendasein fristet und nach Leben und Ausdruck lechzt.

Eine schwierige Entscheidung

Vor Kurzem war mein innerer Krieger in seiner ganzen Kraft gefordert und ich konnte in ganzer Bandbreite spüren, was es braucht, um wirklich in Kontakt mit ihm zu kommen und ihm den Raum zu geben, der nötig ist.

Ich befand mich mit einer Gruppe von Männern auf Visionssuche, als einer der Männer vorzeitig von der Auszeit zurückkam. Eine tief verdrängte Angst war in ihm hochgestiegen und er war nahe daran, von dieser Angst so überschwemmt zu werden, dass er in einen Zustand nahe einer Psychose rutschte. Dadurch war er sehr schwer zu beeinflussen. Sobald ich ihm zu nahe kam, wurde er extrem aggressiv, wenn ich die Zügel zu locker ließ, drohte er durch sein Verhalten das ganze Unternehmen zu sprengen. Als die anderen Teilnehmer von ihren vier Tagen Einsamkeit in der Wildnis zurückkamen, spitzte sich die Situation immer mehr zu. In mir wuchs die Gewissheit, dass es nicht länger möglich war, den Mann in der Gruppe zu halten, und er stattdessen das Seminar abbrechen musste, damit er sich wieder entspannen konnte. Neun Monate gemeinsame Vorbereitungszeit lag hinter uns und nichts hatte auf diese Gefahr hingedeutet. Jetzt ging es um den Abschluss, auf den wir die ganze Zeit hingearbeitet hatten, und gerade jetzt sollte ich ihn aus der Gruppe entlassen. Ich hatte Angst vor einer dramatischen, schwer zu kontrollierenden, auch physischen Eskalation. Zugleich wusste der Krieger in mir, dass es die einzig richtige Entscheidung zum Wohle aller war und dass keine Zeit mehr zu verlieren war. Just in dem Moment, als ich mir darüber klar wurde und auch der Entschluss zu handeln gefasst war, kam mein Assistent zu mir, um mir mitzuteilen, dass sich der Mann entschlossen hatte, nach Hause zu fahren. Mir fielen Felsbrocken vom Herzen. Wir veranstalteten eine Abschiedsrunde, in der er sehr viel aufrichtige Anerkennung und Würdigung von seinen Kollegen bekam. Was ihm zusehends Druck nahm und eine Heimreise ohne Zwischenfälle ermöglichte. Er konnte sich wieder sammeln und erzählte uns später, aus dieser schwierigen Episode trotzdem viel Positives mitgenommen zu haben. Mich lehrte dieses Beispiel, dass sich, wenn wir Kontakt mit unserem Krieger aufnehmen können, auch ausweglose Situationen lösen lassen.

Die Schattenform des Kriegers

Der Sadist

Der Kriegerschatten ist geprägt durch zwei gegensätzliche Pole, den Sadisten und den Masochisten. Wie schon erwähnt birgt die Losgelöstheit von persönlichen Bindungen und Gefühlen die Gefahr, dass sich der Schattenkrieger breit macht. Die aktive Form davon ist der Sadist, der gefühllos Schmerzen zufügt, Grausamkeiten begeht und sich am Leid anderer ergötzt. Er verachtet alles Schwache und trachtet danach, es zu unterjochen und auszumerzen.

Gewalt ist für ihn ein Mittel der Lust und der Befriedigung und eine Ausdrucksform vermeintlicher Macht, die tief im Inneren nicht wirklich vorhanden ist. Manchmal bahnt sich der Masochist, der sich lange als Schwächling und nicht wahrgenommen gefühlt hat, als Sadist seinen Weg heraus aus dieser Nische und mäht im Amoklauf alles nieder, was sich ihm entgegenstellt. Im Blutrausch erhebt er sich gottgleich über seine Opfer und lässt allem, was jahrelang im verborgensten Winkel seiner Seele schmorte, freien Lauf. Nicht mehr in der Lage auch nur den Hauch von Mitgefühl für andere zu empfinden, bahnen sich seine vernichtenden Kräfte ihren Weg.

Den Sadisten finden wir auch im Familienvater, der seine Kinder wie Soldaten drillt, oder im Vorgesetzten, der das Letzte aus seinen Angestellten herauspresst, ohne nur den geringsten Widerspruch zu dulden. Stattdessen betrachtet er sie als Maschinen, die wie geschmiert zu laufen haben. Missbrauch, sowohl körperlicher als auch seelischer Art, treffen wir im Umfeld von Sadisten ebenfalls. Der Sadist ist in nicht in der Lage, sich auf menschliche Bindungen einzulassen. Diese Bindungen bedrohen seinen unbewussten Entschluss, kalt und gefühllos zu handeln. Daher vermeidet der Sadist solche Bindungen vollständig. Stattdessen nimmt er sich ohne Rücksicht auf Verluste, was ihm seiner Meinung nach zusteht. Vergewaltigungen, Prügel, Folter sind sein tägliches Brot. Auf allen Schlachtfeldern dieser Erde treibt der Schattenkrieger sein Unwesen. Ob in den Todeslagern des Dritten Reiches oder bei den Bombenattentaten sogenannter islamischer Gotteskrieger oder den Folterungen in Guantanamo Bay. Überall dort, wo keine echte Verbindung mit einer universellen höheren Kraft besteht, führt der Schattenkrieger in Form des Sadisten sein grauenvolles Regiment. Der Workaholic, der sich und seine Untergebenen zu unmenschlichen Kraftanstrengungen treibt, dabei sich und seinen Körper in einem unbeschreiblichen Raubbau in den finalen Zusammenbruch peitscht, ist schlussendlich nur Opfer des Schattenkriegers geworden. Immer dann, wenn wir uns nicht einen Funken um die Folgen scheren, was unser Verhalten für unseren Körper und unsere Seele bedeutet, befinden wir uns im Bannkreis des Schattenkriegers. Schattenkrieger haben uns auch die Finanzkrise beschert. Permanentes unbedingtes Wachstum um jeden Preis, ohne dabei auf die negativen Folgen zu beachten, führt zum Ausbrennen, erst des einzelnen Menschen und dann des ganzen Systems. Immer vorwärts, nie innehalten, nie Rückschau betreiben, nie Resümee ziehen, entspringt der Getriebenheit des Sadisten.

Der Masochist

Im Gegensatz dazu ist der Masochist stets darauf bedacht, die Deckung zu wahren. Lieber kleine Brötchen backen, um nur nichts zu riskieren. Immer im Blick, auch andere zu schwächen, träumt er in den Tag hinein, was er alles leisten könnte, wenn man ihn nur ließe. Entscheidungen werden, wenn irgend möglich, vermieden oder an Mächtigere delegiert. Ohne wirkliche Vitalität wird der Weg des geringsten Widerstands gesucht, der oftmals in die Depression führt. Angepasst werden der Ehefrau die wesentlichen Entscheidungen überlassen, nie kommen eigene Vorschläge und einer reinigenden

Konfrontation wird aus dem Weg gegangen. Die Zwischenprüfung wird immer wieder verschoben, Politiker verschanzen sich hinter Worthülsen, ständig werden neue Ideen für Projekte entwickelt, aber nie der erste Schritt zur Umsetzung unternommen, hundert Mal wird innerlich gekündigt, weil eine gerechte Bezahlung ausbleibt, und hundert Mal wird murrend weitergearbeitet. Wenn er dann lange genug geschluckt hat, kann sich der Masochist in einem Vulkanausbruch schlagartig zum Sadisten verwandeln. Lebensenergie kann nicht endlos lang folgenlos angestaut werden. Irgendwann bricht sie sich Bahn, entweder durch eine unkontrollierte Explosion, die dann zu einem Gewaltausbruch führt, oder sie richtet sich gegen Dich selbst, in Form von Depression, Sucht, Selbstmord oder einer anderen schweren Krankheit.

Die Urkraft des Kriegers ist – zur Erinnerung –, wie alle anderen Archetypen auch, per se neutral. Sie ist einfach da. Den Unterschied macht nur der Grad der Bewusstheit, wie wir mit dieser Kraft umgehen. Je unbewusster wir uns unseres Kriegers sind, desto größer die Wahrscheinlichkeit, dass sich der Schattenaspekt in zerstörerischer Form in unserem Leben ausdrückt. Je bewusster wir uns des Kriegers in uns sind und je besser wir gelernt haben ihn auf konstruktive Weise zu formen, desto Leben spendender, fruchtbarer, kraftvoller und vitaler werden wir uns fühlen. Wir sind dann handlungsfähig, können vor uns liegende Aufgaben tatkräftig und schwungvoll anpacken. Unser Leben wird sich lustvoll und intensiv anfühlen. Schwierige Zeiten werden wir mit Disziplin und Durchhaltevermögen bewältigen. Ungesundes, krank Machendes werden wir klar und entschlossen abschneiden und dadurch Raum schaffen, dass Gesünderes, Wertvolleres, Lohnenswerteres nachwachsen kann.

Um einen ersten Schritt in diese Richtung zu tun schlage ich folgende Aufgabe vor:

Übung: Gehmeditation zum Sonnenaufgang

Befasse Dich mithilfe von Fotoalben mit den Kriegern in Deiner Familie. Betrachte die Fotos Deiner Ahnen, die selbst im Krieg waren. Wie wirken sie auf Dich?

Welche Gefühle stellen sich beim Betrachten ein? Welche Geschichte steckt hinter den Bildern? Erkundige Dich bei noch lebenden Verwandten nach den Geschichten hinter den Fotos. Waren die Abgebildeten Opfer oder Täter? Sind sie im Krieg verschwunden? Waren sie überzeugte Nazis oder Widerstandskämpfer? Schau Dir die Bilder und Geschichten an und lass sie auf Dich wirken. Wo bekommst Du Kraft, was stärkt Dich und was schwächt Dich?

Versuche dabei, wertfrei zu bleiben. Es geht nur darum, mit dieser Kraft mithilfe Deiner Ahnen-Wurzeln in Kontakt zu kommen.

Lege die Bilder für diese eine Nacht um Dein Bett und achte auf Deine Träume. Lade die Traumkraft ein, Dich in Kontakt zu bringen mit Deiner Kriegerenergie.

Stehe vor Sonnenaufgang auf und begib Dich direkt ohne Dich zu waschen barfuß in die Natur. Dort vollziehst Du eine Gehmeditation, die mindestens 30 Minuten dauern sollte.

Du bewegst Dich so langsam und so bewusst wie möglich und zwar mit dem ganzen Körper.

Du bewegst Dich in Superzeitlupe, auch Deine Arme, Hände, den Rumpf und den Kopf.

Dabei versuchst Du so bewusst wie nur möglich, sämtliche Köpersinne wahrzunehmen. Du spürst vielleicht das feuchte Gras unter den Fußsohlen, die noch klammen Finger, nimmst wahr, wo sich Deine Gelenke noch steif und klapprig anfühlen. Dort, wo es eckig oder unangenehm ist, richtest Du noch mehr Aufmerksamkeit hin und kannst vielleicht spüren, wie sich dadurch etwas verändert. Wenn Du bemerkst, dass Du schnell unterwegs bist, verlangsamst Du Dein Tempo um das Doppelte. Je langsamer du wirst, umso besser, weil Du dadurch mehr spürst und wahrnimmst. Immer wieder wechselst du auch die Richtung und wagst Dich in neue »komische«, ungewohnte Bewegungen hinein. So bist Du eine halbe Stunde unterwegs mit deiner Achtsamkeit ganz auf Deinen Körper und Deine Bewegungen gerichtet.

Die Präsenz des Kriegers

Wenn die Zeit vorbei ist, hältst Du an der Stelle, an der Du gerade bist, inne und stellst Dich aufrecht hin. Schließe die Augen und spüre nach innen. Vielleicht spürst Du ein Kribbeln in den Füßen, vielleicht hörst Du Dein Blut pulsieren, vielleicht sind ehemals kalte Hände warm und weich. Nimm einfach wahr, welche Signale Dein Körper sendet. In diesem Zustand bist Du in der Präsenz, wie sie ein Krieger hat. Wach, ganz im Moment und intensiv mit seinen Sinnen verbunden. Diese Meditation, regelmäßig durchgeführt, wird Dir dauerhaft eine erhöhte Präsenz im Alltag ermöglichen, Deine Sinne schärfen und zu mehr Vertrauen und Intensität im Leben führen. Solltest Du in der Nacht geträumt haben, schreibe Dir den Traum auf und erzähle ihn einem Freund oder einer Freundin.

Sollte Dich eines der Fotos Deiner Kriegerahnen berühren, sowohl angenehm als auch unangenehm, dann gib dem Foto einen besonderen Platz in Deiner Wohnung und beobachte, was dadurch geschieht. Es kann sein, dass es sich nach einer Weile gut und entspannt anfühlt, diesen Kriegerahnen um Dich zu haben.

Stellen sich jedoch immer wieder, wenn Du das Bild ansiehst, unangenehme Gefühle ein, dann macht es vielleicht Sinn, bei einem anerkannten Familientherapeuten überprüfen zu lassen, ob eine unbewusste Identifikation mit dem Ahnen gegeben ist. Durch eine systemische Familienaufstellung kann das herausgefunden und die Identifikation gelöst werden.

Wir sind immer noch sehr mit den unverarbeiteten Wunden des Zweiten Weltkriegs beschäftigt. Die Methode des systemischen Familienstellens kann hier eine große Unterstützung sein.

DIE BALANCE DER VIER URKRÄFTE

Jetzt hast Du die vier wesentlichsten männlichen Archetypen und ihre Schattenversionen kennengelernt. Bestimmt war Dir der eine oder andere Archetyp vertrauter und bestimmt gab es Archetypen, die Dir fremd oder nichtssagend erschienen. Da ich so gut wie niemanden kenne, der in absoluter Harmonie mit sich und Welt lebt, ist der Umstand, dass es Gewichtungen oder Vorlieben bezüglich der Archetypen gibt, nichts Ungewöhnliches. Innerlich ausgeglichen und in Harmonie mit der Welt bist Du, wenn Du möglichst viel des Schattens ins Licht des Bewusstseins verwandeln kannst und zugleich eine Balance herrscht zwischen den jeweiligen Urkräften. Du fühlst Dich vielleicht im Liebhaber sehr zu Hause. Dir fällt es leicht, Kontakte zu knüpfen, Freundschaften zu pflegen, Dich der Sinnlichkeit und der Leidenschaftlichkeit des Körpers hinzugeben und in den schönen Künsten zu schwelgen. Wenn aber der Krieger gefordert ist, und damit klare, auch unangenehme Entscheidungen getroffen, deutliche Worte gesprochen und umgesetzt werden sollen, dann fehlt Dir unter Umständen das nötige Rüstzeug dafür. In so einem Fall ist der Liebhaberarchetyp etwas aufgebläht und der Kriegerarchetyp unterentwickelt. Dann gilt es zu lernen, den Blick vom Liebhaber ein Stück abzuwenden und sich für eine Weile dem Krieger zuzuwenden, um diesen zu stärken. Damit entsteht etwas mehr Gleichgewicht im ganzen Gefüge und Du gewinnst eine neue Farbe in der Farbpalette des Lebens hinzu. Dein Leben wird bunter.

Dieses Wissen ist auch sehr nützlich, wenn Du als Vorgesetzter Dein Arbeitsteam mit einem anderen Blick betrachtest. Du kannst es dahingehend prüfen, ob eine Ausgewogenheit der Archetypen gegeben ist, oder ob Du zum Beispiel nur Macher/Krieger in Deinem Team hast, aber wenige oder keinen, der die zu bewältigende Aufgabe wirklich in ihrer gedanklichen Tiefe und Sorgfalt durchdringt, was dem Magier entspräche. Mit so einem Blick kannst Du die Teamzusammensetzung so verändern, dass alle Archetypen mit der gleichen Gewichtung vertreten sind. Somit nutzt Du die universellen Kräfte optimal sei es zum Wohl des Betriebes, sei es zum Wohl der einzelnen Mitarbeiter. Auch sie werden sich aufgewertet fühlen, wenn ihre wahren Qualitäten erkannt und an der richtigen Stelle eingesetzt werden.

Wie immer und überall im Leben geht es darum, dass die vorhandenen Ressourcen erkannt, genutzt und im Gleichgewicht der Kräfte verwendet werden. Kein Archetyp ist besser oder schlechter als ein anderer, aber alle sind aufeinander angewiesen, damit sie ihre ganze Kraft entfalten können. So tut dem Liebhaber die Abgrenzungsfähigkeit des Kriegers gut, und umgekehrt verleiht der Liebhaber dem Krieger Feingefühl und Menschlichkeit. Der Magier ist darauf angewiesen, dass der Krieger sein Wissen in Handlung umsetzt, und der Krieger braucht die Führung des Königs, damit seine Handlungen dem Wohl des großen Ganzen dienen. Ein König ohne Krieger muss permanent um die Wahrung der Grenzen seines Reichs fürchten und ist in seiner Autorität und Kraft eingeschränkt. Um die Balance der Kräfte kennenzulernen und zu erfahren, wie Du damit konkret arbeiten kannst, möchte ich Dich zu folgender Übung einladen.

Übung: Das Medizinrad

Vereinfacht ausgedrückt ist das *Medizinrad* ein universelles Hilfsmittel, um die verschiedensten Kräfte und Prozesse des Lebens zu verstehen und mit ihnen arbeiten zu können. Das *Medizinrad* in seiner Tiefe zu erklären sprengt den Rahmen dieses Buches und ist für unser Thema auch nicht angemessen. Deshalb erkläre ich hier das *Medizinrad* nur insoweit, dass Du die verschiedenen Archetypen in Dir spüren und erleben kannst, wie sie sich integrieren lassen.

Du brauchst dafür eine Schale Wasser, einen Stein, eine Vogelfeder, eine Kerze und ein möglichst quadratisches Tuch. Dieses Tuch richtest Du auf dem Boden so aus, dass die vier Ecken des Tuches jeweils in eine Himmelsrichtung deuten. Dann stellst Du das Wasser auf die Ecke, die Richtung Süden deutet, den Stein legst Du auf die Ecke, die nach Westen deutet, die Feder auf die Ecke, die nach Norden deutet, und die angezündete Kerze stellst Du auf die Ecke, die Richtung Osten deutet. Somit hast Du den äußeren Rahmen für ein *Medizinrad* geschaffen: das Element Wasser im Süden, das Element Erde im Westen, das Element Luft im Norden und das Element Feuer im Osten. Auch den Archetypen können die jeweiligen Himmelsrichtungen zugeordnet werden. Ich empfehle hier dem Süden den Liebhaber, dem Westen den Magier, dem Norden den König und dem Osten den Krieger zuzuordnen. Wenn Du das getan hast, solltest Du Dir eine Frage zurechtlegen, die Dich momentan beschäftigt. Wenn Du die Frage oder das Thema klar formuliert hast, solltest Du die Arbeit mit dem *Medizinrad* mit einer rituellen Handlung eröffnen und am Ende wieder schließen.

Sprechende Archetypen

Wenn der rituelle Raum klar ist, kannst Du beginnen. Mit Deiner Frage im Kopf setzt Du Dich an irgendeine Himmelsrichtung im *Medizinrad* und bittest den Archetypen, der dieser Himmelsrichtung zugeordnet wurde, um seine Stellungnahme zu der Frage. Jetzt nimmst Du einfach wahr, was geschieht. Beobachte, wie sich Dein Körper an dieser Stelle fühlt, wie sich Deine Gefühle verändern. Vielleicht fängt eine innere Stimme in Dir an zu sprechen. Versuche einfach offenzubleiben und wertfrei zu hören, was diese Stimme in Dir zu sagen hat. Wenn Du das Gefühl hast, dass an dieser Stelle alles gesagt und wahrgenommen wurde, kannst Du zu einem anderen Archetypen wechseln. Du setzt Dich zu der entsprechenden Himmelsrichtung und stellst dieselbe Frage, und wieder geht es nur ums urteilslose Wahrnehmen. Das setzt Du fort, bis Du alle Archetypen gespürt, wahrgenommen und vielleicht sogar gehört hast. Wahrscheinlich bist Du verblüfft, wie unterschiedlich es sich an den verschiedenen Positionen anfühlen kann und wie widersprüchlich die Botschaften sein können. Manchmal genügt es, einfach nur die verschiedenen Kräfte wahrgenommen und gehört zu haben, um danach eine Entscheidung treffen oder dem Thema gegenüber eine andere Haltung einnehmen zu können. Nie werde ich vergessen, wie vor einiger Zeit auf diese Art und Weise 80 Visionssucheleiter-Kollegen und ich drei Tage lang um ein Thesenpapier zu unseren Ethikgrundsätzen gerungen haben. Widersprüchlichste Meinungen, Haltungen und Überzeugungen wurden mithilfe des *Medizinrades* ausgedrückt. Intensive Gefühle von Wut, Trauer, Misstrauen und Angst fanden dadurch ihren berechtigten Platz. Manchmal sah es bei der Vielfalt der Ansichten und Haltungen so aus, als könnte niemals ein gemeinsames Papier entstehen, hinter dem zumindest eine einfache Mehrheit stünde. Daher war es mehr als spannend, als es nach drei Tagen intensivsten Austausches an die Abstimmung ging. Das Ethikpapier wurde mit den Stimmen aller ohne eine einzige Gegenstimme angenommen. Dieser Moment hatte etwas unglaublich Ergreifendes, weil es das Letzte war, womit irgendjemand von uns gerechnet hatte. Wie war das möglich?

Dadurch, dass tatsächlich jedes Argument, jede Stimme gehört wurde und ihren Platz im großen Kreis des *Medizinrades* bekam, war die Übereinstimmung möglich. Es ging nicht mehr darum, Recht zu haben, sondern sich mit seiner Meinung gezeigt zu haben, gehört worden und damit geachtet gewesen zu sein. Dadurch war die schlussendlich äußerliche Form des Papiers, sein Wortlaut, nicht mehr so bedeutsam, wie wenn dieser Prozess nicht stattgefunden hätte.

Daher genügt es in vielen Fällen, dass Du zu bestimmten Lebensthemen das Ritual des *Medizinrades* nutzt, um allen Kräften und Archetypen Gehör und Raum zu verschaffen. Hier gilt innen wie außen und umgekehrt. Das bedeutet, was im Außen durch die Vielfalt der Menschen möglich ist, ist auch im Innen durch die Vielfalt der Persönlichkeitsanteile möglich.

DIE BEDEUTUNG DES RITUALS FÜR DIE INITIATION DES MANNES

Hören wir den Begriff Ritual, so entstehen vor unserem inneren Auge recht unterschiedliche Bilder, je nachdem, womit wir diesen Begriff in Verbindung bringen.

Manch einer denkt dabei vielleicht an Alltagsrituale wie das »Händeschütteln« zur Begrüßung. Ein anderer fühlt sich an so blutrünstige Rituale wie die Beschneidung der Frauen in Afrika erinnert. Wieder jemand anderen beschleichen unangenehme Gefühle, weil er dabei an die Blut- und Bodenrituale im Dritten Reich denkt. All diese Bilder haben nichts damit zu tun, was ich unter »Ritual« verstehe. Obwohl ich kein Freund dessen bin, was die meisten Stellvertreter der katholischen Kirche repräsentieren, kommt meinem Verständnis von Ritual einer Erfahrung sehr nahe, die ich kürzlich in einer katholischen Kirche machte. Es handelt sich um das »Ritual« der »Ersten heiligen Kommunion« meines Neffen. Ich erinnere mich gerne daran, denn es ist dem Priester gelungen, die äußere Form dieses Rituals auf den Entwicklungsstand und die innere Verfassung der Kommunionkinder abzustimmen. Es war kein sinnentleertes Ritual, das über die Persönlichkeit der Betroffenen hinweg abgespult wurde, sondern eine sinnhafte Handlung in einem besonderen Raum, in den die Kinder mit ihrem ganzen Wesen eingebunden waren. Es war zu spüren, dass die Kinder von ihrem Inneren her auf diesen Moment vorbereitet waren und dass sie an der Gestaltung des Rituals mitgearbeitet hatten.

Die Folge war, dass sich während dieses Rituals ein Raum öffnete, der alle Anwesenden, die offenen Herzens waren, einschloss. Jeder konnte diesen Raum betreten und spüren, wie sich für Momente eine Dimension des Daseins öffnete, zu der wir im Alltagsbewusstsein nur selten Zugang haben. Graf Dürckheim, der Begründer der »Initiatischen Therapie« hat diesen Moment »das Tor zum Geheimen öffnen« genannt. Für »das Geheime« gibt es viele Namen: Gott, Allah, das Universelle, Buddha, Manitou, Eins-Sein. Die Namen einer derartigen Erfahrung sind nicht wichtig. Wichtig daran ist, dass sich für Augenblicke Trennung und Getrenntsein aufhebt. Dass jeder innerhalb dieses Raumes die spezielle Atmosphäre und den besonderen Geschmack des Moments spüren und wahrnehmen kann. Dass für Augenblicke das Ich und Du zum WIR transformiert werden und Einheit innerhalb des Individuums und innerhalb einer Gruppe erlebt werden kann.

Als ehemals miserabler Mathematikschüler bin ich eigentlich überhaupt kein Freund von abstrakten Definitionen, aber wenn ich jetzt auf das eben Geschriebene zurückblicke, könnte ich das durchaus für meine persönliche Definition zum Begriff Ritual gelten lassen. Da die Manngeburt ein großes Initiationsritual ist, finden viele Elemente dieses Zyklus' im rituellen Raum statt. Die meisten Übungen und Aufgaben in diesem Buch gewinnen an Kraft, wenn sie als Ritual gestaltet sind. Daher ist dieses Kapitel wesentlich zum Verständnis und Gelingen der Aufgaben und Übungen in diesem Buch.

DER ÄUSSERE RAHMEN IM RITUAL

Sollte ich auf ein Minimum reduziert beschreiben, was es für die Durchführung eines Rituals braucht, würde ich das auf drei Schritte festlegen:

- Anfang
- Mitte
- Ende

Das heißt, Anfang und Ende eines Rituals müssen klar und deutlich gekennzeichnet sein. Dabei geht es nicht darum, dass Du Dir möglichst komplizierte Handlungen einfallen lässt. Manchmal genügt es nur zu sagen, »Jetzt beginnt das Ritual« und »Jetzt endet es«. Dass in diesem Zusammenhang weniger mehr sein kann, lehrte mich die Erfahrung mit Jugendlichen.

In meiner ersten Visionssuche habe ich das Ritual des *Council* immer mit einer klingenden Zimbel begonnen. Die Zimbel benutzte ich zu dieser Zeit allerdings eher aus Unsicherheit, als aus innerer Überzeugung. Prompt meinten schon nach kurzer Zeit einige der Jugendlichen, ob wir das »komische Gebimmel« nicht sein lassen können.

Jugendliche reagieren sehr sensibel auf alles, was unauthentisch ist. Seitdem benutze ich die Zimbel nur noch, wenn ich von innen her spüre, dass es sinnvoll ist, sie zu benutzen. Seit ich das so mache, kommen auch keine Beschwerden mehr.

Was ich mit dem Beispiel sagen möchte: Es ist wichtiger, sich innerlich mit der Handlung des Beginn- und Ende-Setzens zu verbinden, als diese Handlung als etwas Besonderes darzustellen. Warum sind Anfang und Ende so wichtig? Mithilfe eines Rituals ist es möglich, einen besonderen Raum zu öffnen, zu dem ich normalerweise keinen Zugang habe. Um diesen Raum öffnen zu können, ist es notwendig, dass die Grenzen dieses Raumes deutlich festgelegt werden. Nur dann ist auch der Schutz gegeben, dass ich gefahrlos in die Tiefen meiner Seele hinabsteigen und auch gesund wieder zurückkehren kann. Ein Beispiel dazu.

Schweißgebadet in der Nacht

Vor einigen Jahren begab sich ein junger Mann bei mir auf Visionssuche. Das Visionssucheritual dauert insgesamt ein ganzes Jahr. Nach einem Jahr muss es abgeschlossen werden, indem man noch einmal für ein paar Stunden oder eine ganze Nacht hinausgeht in die Natur. Die Zeit draußen ist dazu da, den Prozess der Visionssuche noch einmal Revue passieren zu lassen und ihn abzuschließen. Es ist wie das Vollenden eines Kreises. Nun, der junge Mann hatte durch sein Verfangensein im Alltag vergessen, das Ritual abzuschließen. Einige Monate hatten schon das eigentliche Zeitmaß überschritten, als der junge Mann eines Tages, plötzlich mitten in der Nacht schweißgebadet aufwachte. Von einer Sekunde auf die andere war ihm klar, dass es für ihn in diesem Moment nur eines zu tun gibt, nämlich aufzustehen, sein Zeug zu packen und sein Ritual zu beenden.

Noch in derselben Nacht machte er sich um zwei Uhr morgens auf den Weg, um sein Visionssucheritual abzuschließen. Er teilte mir mit, dass er erst im Nachhinein den Grund seiner großen inneren Unruhe in den Wochen davor verstand. Etwas in ihm rief ihn hinaus, um seinem Prozess ein Ende zu setzen. Er hatte den Ruf allerdings erst verstanden, als er mitten in der Nacht in panikartigem Zustand wach wurde. Nachdem er sein Ritual beendet hatte, war auch die Unruhe verschwunden. Wie schon erwähnt, ist jede Handlung für diese Grenzsetzung geeignet. Sie muss nur mit dem Inhalt des Rituals und mit den Teilnehmern der Gruppe innerlich verbunden sein.

Beispiele für den rituellen Rahmen

Jede beliebige Handlung kann also den Rahmen setzten, wenn eine innere Verbindung zur Handlung besteht und sie in Klarheit und Bewusstheit vollzogen wird. Die einfachste Rahmengebung ist beispielsweise, zu Beginn des Rituals Folgendes laut auszusprechen: »Jetzt beginnt es.« Und am Ende mit dem Satz »Jetzt endet es« den Raum wieder zu schließen.

Je nach persönlicher Stimmigkeit und Bedürfnis können das aber auch ganz komplexe Handlungen sein: Trommeln und Rasseln, um zu Beginn um Schutz und Geborgenheit für das Ritual zu bitten, und am Schluss als Dank für das, was geschenkt und transformiert wurde. Das Entzünden von Räucherwerk zu Beginn und Ende eines Rituals ist ebenfalls eine beliebte Methode, um den Rahmen zu verdeutlichen. Es ist auch möglich, über eine imaginäre Schwelle zu gehen, um den rituellen Raum zu betreten, und über die Schwelle wieder zurückzukehren. Die Schwelle kann durch einen Gegenstand, zum Beispiel ein Stock, über den Du schreitest, dargestellt werden. Manche bauen aus Steinen einen Kreis durch den sie gehen und wieder zurückkehren. Deiner Kreativität sind keine Grenzen gesetzt. Achte jedoch darauf, dass der äußere Rahmen nicht wichtiger wird als der Inhalt, um den es in Deinem Ritual geht. Wage ruhig verschiedene Arten und Formen des Rahmen-Setzens auszuprobieren. Nur so findest Du heraus, was am ehesten wirklich zu Dir passt und was ganz Deine eigene, spezifische Form des rituellen Gestaltens ist.

DIE MITTE IM RITUAL

Mit der »Mitte« meine ich den eigentlichen Inhalt des Rituals. Hier gilt es, sich einige Fragen zu stellen: Was will ich mit dem Ritual erreichen? Wer nimmt an diesem Ritual teil? Welche Hilfsmittel benötige ich für das Ritual? In welchem Rahmen soll das Ritual stattfinden? Was ist zur inneren Vorbereitung der Teilnehmer nötig?

Die letzte Frage ist die wichtigste. Die Mitte oder der Inhalt kann nur angemessen gefüllt werden, wenn die Ausrichtung bzw. die Verbindung des Teilnehmers oder der Gruppenmitglieder mit dem Ziel, das durch das Ritual erreicht werden soll, übereinstimmt. Was meine ich damit?

Das Gelingen eines Rituals hängt davon ab, wie gut Du Dich innerlich darauf vorbereitet hast. Ist da keine oder nur eine oberflächliche Vorbereitung, dann kann das Ergebnis auch nur oberflächlich sein. Wenn ein Ritual gelingen soll, dann müssen die Teilnehmer damit verbunden sein. Damit meine ich zum einen, dass Du weißt, was Du mit dem Ritual erreichen möchtest. Du musst bereit sein, Dich einzulassen und zu öffnen und Dich berühren zu lassen. Zudem gehört die Bereitschaft dazu, Neuland zu betreten, damit Unerwartetes, manchmal Unbekanntes geschehen kann.

Wenn Du nur an Sicherem und Gewohntem interessiert bist, dann brauchst Du kein Ritual, weil dann keine Offenheit und Bereitschaft entsteht, damit Bewegung und Veränderung geschehen kann. Ein Ritual hat immer mit Bewegung zu tun, mit innerer Bewegung. Bewegung in eine Richtung, die Dir bis dahin in dieser Form noch nicht bekannt war.

Auf diese Bewegung musst Du Dich innerlich einstimmen, damit sie geschehen kann. Dies wird vielleicht an folgendem Beispiel deutlich:

Mangelhafte Vorbereitung kann gefährlich sein

Die Manngeburt ist eine 9-monatige Vorbereitung auf das Initiationsritual *Vision-Quest.*

Der letzte Vorbereitungsakt dafür ist das Ritual der *Medizinwanderung,* bei der die Teilnehmer einen ganzen Tag von Sonnenaufgang bis Sonnenuntergang wandernd und fastend in der Natur verbringen. In ihrem Inneren sind sie dabei mit ihrer Motivation für die *Vision-Quest* beschäftigt. Bevor sie dann auf die *Quest* selbst gehen, erzählen sie die Geschichte ihrer Wanderung. Anhand der Geschichte wird sehr deutlich, was das eigentliche Thema des Betreffenden ist und zugleich findet eine klare innere Ausrichtung und Orientierung auf das Thema statt. Einer der Teilnehmer hatte diese Wanderung und ihre Bedeutung als Vorbereitung für die *Quest* nicht sonderlich ernst genommen. Er begab sich erst lange nach Sonnenaufgang auf seine Wanderung, streifte dann eine Weile umher und ging bald wieder nach Hause, um die freie Zeit zu nützen, seine Wohnung aufzuräumen. Auch das Fasten nahm er nicht sonderlich ernst. Als er seine Geschichte erzählte, konnten alle Zuhörer wahrnehmen, dass nicht wirklich Kraft zu spüren war in dem, was er uns vermittelte. Einige seiner Kollegen äußerten sich sogar sehr misstrauisch, ob sie ihm auch vertrauen könnten in der Zeit »draußen«. Sie befürchteten, dass er durch sein Verhalten das gesamte Unternehmen gefährden könnte. Voll Unverständnis ob der geäußerten Bedenken beteuerte er, dass er ein sehr ernstzunehmendes, verlässliches Teammitglied sein würde, auf den in der schwierigen Phase der Auszeit durchaus Verlass sei. Als nun das Ritual der viertägigen Auszeit allein in der Wildnis begann, begab er sich wie alle anderen auch auf seinen Platz in der Einsamkeit. Allerdings kam er schon am Nachmittag desselben Tages zurück, um das Ritual abzubrechen. Die erste Störung in Form eines Jägers hatte ihn so aus der Fassung gebracht und mit einer tiefen Angst konfrontiert, auf die er nicht vorbereitet war, dass er dort nicht länger bleiben konnte. Er musste seine Auszeit abbrechen und kurze Zeit später das gesamte Ritual beenden und vorzeitig nach Hause fahren.

Ein Ritual bietet uns die Chance, mit tiefen, schmerzhaften, unbewussten Themen in Kontakt zu kommen, diese zu heilen und zu bearbeiten. Wenn die nötigen Grundregeln zur Durchführung des Rituals eingehalten werden, bieten sie auch den entsprechenden Schutz, mit den schwierigsten Kräften konstruktiv umgehen und diese verwandeln zu können. Wenn die Vorbereitung und Ausrichtung jedoch nicht sorgfältig geplant und vollzogen wird, wecken wir unter Umständen schlafende Riesen, haben aber keinerlei Rüstzeug sie angemessen zu lenken. In so einem Fall kann ein Ritual durchaus schwerwiegende Schäden und Traumata verursachen.

Wie es sein kann, wenn die inhaltliche Vorbereitungsphase fundiert und mit dem nötigen Respekt gestaltet wird, soll folgendes Beispiel verdeutlichen:

Das Hochzeitsritual

Vor einiger Zeit habe ich das Hochzeitsritual für ein befreundetes Ehepaar geleitet. Es war eine unvergesslich schöne und intensive Erfahrung für alle Beteiligten. Ein wesentlicher Grund für das Gelingen war die tiefgreifende und intensive Vorbereitung des Paares. Ein Jahr vor dem eigentlichen Hochzeitstermin ging das Paar hinaus in die Natur auf eine zweitägige Visionssuche. Jeder verbrachte allein fastend zwei Tage und Nächte auf einem selbst gewählten Platz in der Natur. Im inneren Gepäck hatten sie beide die Frage, was heiraten eigentlich für sie und ihn bedeutet, wovon sie sich verabschieden wollen und was für sie jeweils bei der Ehe wichtig ist.

In diesen zwei Tagen in der Natur ist bei jeweils beiden sehr viel geschehen und die Auseinandersetzung mit dem Thema Ehe wurde in einer Tiefe und Konsequenz geführt, wie es sicher nicht der Fall ist, wenn man einfach zum Standesamt geht und die Heiratsurkunde unterschreibt. Was im Übrigen auch ein Ritual ist, aber eben eines, das meist sinnentleert abgehandelt wird. Dieses Paar jedoch kam nach den zwei Tagen zurück aus der Einsamkeit, und in meinem Beisein haben sie sich ihre jeweilige Geschichte erzählt. Schon das Geschichtenerzählen war sehr berührend und in gewisser Weise vermählend, weil es viele Gemeinsamkeiten gab, die sie unabhängig voneinander erlebt hatten, und weil vieles, was für den einen bedeutsam war, auch als wesentlich in der Geschichte des anderen auftauchte. Aber auch Unterschiede wurden deutlich, die jedoch in diesem Rahmen eher zu einem tieferen Verstehen des Partners führten als zum Missverstehen, wie das in Alltagssituationen oft der Fall ist. Die ganze Atmosphäre während des Erzählens war jedenfalls so, dass beide sehr berührt waren von der jeweils anderen Geschichte und dass durch diese Form der Begegnung noch einmal so etwas wie ein neues Sich-ineinander-Verlieben stattfand. Was am Ende für beide jedoch entscheidend war, war die Tatsache, dass sie ein völlig neues Verständnis entwickelten, was für sie der Akt der Heirat bedeutet, und dass sie sich durch diese Form der Vorbereitung auf das Hochzeitsritual noch einmal wesentlich klarer füreinander entscheiden konnten.

Ein nicht zu unterschätzendes »Nebenprodukt« war, dass wir durch ihre Geschichten, eine Fülle an Informationen sammeln konnten, die wir dann bei der individuellen Umsetzung des Hochzeitsrituals verwendet haben.

Dadurch war die darauf folgende Hochzeitszeremonie in dieser Form einmalig und entsprach umfassend den beiden Persönlichkeiten des Hochzeitspaares. Das Hochzeitsritual erfüllte genau das, wofür es gedacht ist, nämlich die Kommunion *zweier* Menschen auf *einer* seelischen Dimension. Das ging sogar so weit, dass bei der Ringübergabe sich im wolkenverhangenen Himmel ein Loch auftat, durch welches die Sonne wie ein Scheinwerfer das Paar anstrahlte. Im selben Moment waren einige kräftige Donnerschläge eines sehr seltenen Wintergewitters zu hören. Schon kurz nach der Zeremonie war der Himmel wieder grau, wie vor dem Ringtausch.

Geschieht eine Verbindung auf dieser Ebene, unter Zeugen, die ebenfalls diesen Raum für die Zeit der Zeremonie eingenommen haben, dann hat sie einen tief bindenden Charakter. Eine Verbindung, auf dieser Ebene eingegangen, lässt sich auch nicht einfach bei der ersten kleinen Krise wieder auflösen. Somit erfüllt das Ritual auch die Funktion, tragend und Halt gebend in schwierigen Zeiten zu sein. Anhand dieses Beispiels wird nachvollziehbar, dass die innere Vorbereitung und Ausrichtung auf das, was mit einem Ritual bezweckt werden soll, ganz wesentlich ist. Durch die intensive Vorbereitung dieses Paares, durfte ich Zeuge einer außergewöhnlich kraftvollen Vermählung sein, die jeden, der dabei war, auch ein wenig mit verwandelt hat. Ein gelungenes Ritual, mit der entsprechenden Haltung vorbereitet, kann eine Kraft entfalten, dass sogar das Wetter davon beeinflusst wird. Tatsächlich habe ich dies schon viele Male erlebt.

Übung: Die Antwort auf eine Lebensfrage träumen

Um nicht nur intellektuell zu verstehen, was mit Ausrichtung gemeint ist, möchte ich Dir folgende Aufgabe vorschlagen: Du vergegenwärtigst Dir eine Frage, ein Thema, ein Problem, das Dich momentan in Deinem Leben beschäftigt. Du schreibst die Frage dann auf ein Blatt Papier und legst es zusammen mit dem Stift auf das Nachtkästchen. Vor dem Einschlafen bittest Du Deine Traumkraft um eine Botschaft zu Deiner Frage. Zugleich versprichst Du der Traumkraft, dass Du ihre Botschaften festhalten und Dich damit beschäftigen wirst. Wenn Du dann träumst, brauchst Du die Disziplin, dass Du sofort nach dem Aufwachen ein paar wenige Stichpunkte auf Dein Blatt schreibst. Diese genügen, damit Du

Dich später an den Traum erinnern und ihn aufschreiben oder noch besser malen kannst. Wenn dies geschehen ist, erzählst Du einem vertrauten Menschen den Traum oder zeigst ihm Dein Bild. Damit fährst Du 21 Tage fort. Jeden Abend und Morgen dasselbe Prozedere. Du wirst schon bald feststellen, dass Deine Träume klarer werden und die Traumkraft eine Fülle an Material liefert. Am Ende dieser Zeit schaust du Dir die ganze Serie Deiner Träume an. Du wirst einen doppelten Gewinn daraus ziehen. Erstens wird sich in Bezug auf Deine Frage einiges klären und zweitens hast Du in der Tiefe erfahren und verstanden, was mit der inneren Ausrichtung in einem Ritual gemeint ist und wie sich das anfühlt.

RITUELLER RAUM – HEILIGER RAUM

Was unterscheidet ein Ritual – und den damit verbundenen Bewusstseinszustand – vom Alltagsbewusstsein? Unser Alltagsbewusstsein ist im Grunde nur die oberste Spitze des Eisberges der möglichen Bewusstseinsdimensionen des Menschen. Die meisten unserer Handlungen im Alltag sind jedoch durch die ernorme Fülle an Bewusstseinsschichten geprägt, die aus dem sogenannten Unbewussten kommen. Wenn Du zum Beispiel zum hundertsten Mal Dein Kind anschreist, dass es leise sein soll, obwohl Du Dir schon hundertmal vorgenommen hast, geduldig und in ruhigem Ton mit ihm zu sprechen, kommt dieses Verhalten aus einer tiefer liegenden Schicht des Unbewussten. Rational weißt Du, dass ein gelassener Umgangston bei der Erziehung zu mehr Erfolg führt, aber wieder und wieder erlebst Du, dass die Macht des Unbewussten viel stärker ist als Dein bewusster Vorsatz. Wieder und wieder machst Du die Erfahrung, dass die Dir unbekannte, dunkle Seite mächtiger ist als ein noch so starker Wille.

Normalerweise haben wir auch keinen Zugang zu dieser unbewussten Seite, es sei denn in Träumen oder in ganz besonderen Momenten der Selbsterkenntnis. Träume sind jedoch für die meisten von uns schwer zu deuten und die Zeiten der Erleuchtung sind sehr selten. An dieser Stelle zeigt sich der Wert ritueller Arbeit. Mithilfe eines Rituals ist es möglich, hinabzusteigen in die Tiefen des Unbewussten und hinaufzusteigen in die Höhen des Überbewussten.

Das Überwusste, das höhere Selbst, ist die Ebene des Bewusstseins, in der Du angeschlossen bist an das Göttliche. Angeschlossen an das Überbewusste weißt Du in einem Sekundenbruchteil, ohne überlegen und nachdenken zu müssen, was das angemessene Verhalten in einer Situation ist. Es ist der Sitz der Weisheit. Weise Menschen sind meist verbunden mit ihrem Überbewussten und handeln daher in fast jeder Situation angemessen und richtig. Mithilfe eines gelungenen Rituals ist es uns also möglich »heilige Räume« zu öffnen und sie zu betreten. »Heilig« sind sie deshalb, weil dort immer Schätze des Lebens zu finden sind, zu denen Du normalerweise keinen Zugang hast, die Dir vielleicht bisher verborgen geblieben sind. Lass mich in diesem Zusammenhang ein Beispiel von der Bergung eines solchen Schatzes erzählen.

Nacht im Böhmerwald

Ein Heilpraktiker kam einmal zu mir, weil er unzufrieden war mit seiner Lebenssituation. Er hatte eine Praxis, die mehr schlecht als recht lief. Er war in einer Beziehung zu einer Frau, in der er nicht so recht wusste, wie es weitergehen sollte, ob er sie heiraten soll oder nicht. Kurz gesagt fühlte sich sein ganzes Leben etwas leb- und farblos an, nicht erfüllt mit sonderlich viel Energie. Er entschloss sich nach einer Beratungssitzung nach Tschechien in den Böhmerwald mitzufahren und an einer Visionssuche teilzunehmen.

In der Vorbereitungszeit – schon in Tschechien – arbeiteten wir das eigentliche Problem heraus: Wo immer er hinkam, wurde ihm nach kurzer Zeit vermittelt, dass er nicht willkommen ist. Dieses Unerwünschtsein war etwas, worunter er sehr litt, und war vermutlich auch der Grund, weshalb seine Naturheilpraxis schlecht lief, trotz seiner Kompetenz.

Also ging er mit folgendem Zielsatz für zwei Tage und Nächte hinaus in die Natur: »Ich finde meinen Platz in der Welt und nehme ihn ein.«

Dieser Ziel-Satz war das komprimierte Ergebnis einer dreitägigen intensiven Vorbereitungsphase. Nervös und unsicher, ob es dort draußen auch wirklich einen passenden Platz in der Natur gibt, ging er los. Tatsächlich hatte er nach einiger Zeit einen schönen Platz gefunden und richtete sich dort ein. Er war auf einer Wiese an einem Bach mit Schatten spendenden Bäumen. Die Sonne schien, es war warm und er fühlte sich schon nach kurzer Zeit richtig wohl. So wohl, dass er begann, Stück für Stück von seiner Kleidung abzulegen und fein säuberlich in die umstehenden Bäume zu hängen. Der Platz wurde zusehends sein Zuhause. Am Schluss dieses Eingewöhnungsprozesses lag er nackt im Gras, beseelt von seinem paradiesischen Zustand. Es fehlte einfach nichts mehr. Eine romantische Geschichte würde hier enden. Bei einem Initiationsritual wie der Visionssuche geht es jedoch in der Regel hier erst los: Plötzlich tauchte nämlich ein schwarzer Schatten von hinten auf, ein tschechischer Förster, der ihm unmissverständlich zu verstehen gab, dass er hier nichts zu suchen hat und verschwinden soll. Auf einen Schlag war der Quester mit seinem Thema konfrontiert. Sogar mitten ihm Böhmerwald, in fast urwaldähnlicher Umgebung kommt wieder jemand, der ihm zeigt, dass er hier nicht willkommen ist. Durch die Sammlung und die innere Ausrichtung der Vorbereitungszeit, war in ihm jedoch so viel Bewusstheit und Handlungskraft, dass er sich nackt, wie Gott ihn schuf, vor dem Förster aufbaute und mit dem Förster darum rang, um an diesem Platz bleiben zu können. Die Situation hatte etwas Groteskes: nackter, deutsch sprechender Mann vor einem uniformierten, grimmigen, tschechisch sprechenden Förster, um seinen »Platz in der Welt« ringend. Ich erzähle das deshalb so ausführlich, weil der Umstand des Nicht-Verstehens später noch eine wichtige Rolle spielen wird. Jedenfalls ist es dem Quester gelungen, sein Herz in die Hand nehmend, dafür zu sorgen, dass der Förster kopfschüttelnd von dannen zog, was einem mittleren Wunder gleichkam. Er hatte sich nämlich in den verbotenen Teil des Súmava-Nationalparks begeben, wo die Förster normalerweise erbarmungslos durchgreifen, wenn man auch nur einen Schritt neben den Weg macht. Also war der Quester erst einmal erleichtert, dass er seinen Platz verteidigt hatte, zugleich blieb aber die Sorge, der Förster würde mit Verstärkung zurückkehren und ihn dann endgültig von seinem Platz vertreiben. Er blieb auch noch den nächsten Tag und die darauf folgende Nacht und nichts geschah. Also beendete er am dritten Morgen sein Ritual und kam zurück ins Basislager. Vom ersten Moment an war zu sehen, dass dort an seinem Platz eine innere Verwandlung stattgefunden hatte. Er wirkte männlicher und er hatte etwas Aufrechtes, das ich vorher nicht an ihm wahrgenommen hatte. Um den Fortgang der Geschichte verständlich zu machen, muss ich hinzufügen, dass das Ritual der *Vision-Quest* ein ganzes Jahr dauert, bis es vollkommen abgeschlossen ist. Nach einem Jahr fand also ein Treffen mit der Gruppe statt, zu der dieser Heilpraktiker gehörte. Er rief mich damals an, dass er nicht zu dem Treffen kommen könne, weil gerade sein Kind geboren war. Ich war überrascht und neugierig und fragte ihn wie es ihm im vergangenen Jahr ergangen war. Er erzählte mir Folgendes:

Die Bergung des Schatzes

Er war inzwischen Vorsitzender der Heilpraktiker-Vereinigung in seiner Heimatregion geworden. Seine Praxis war so voll, dass er Mühe hatte, sein Pensum zu bewältigen. Er hatte geheiratet und ein Kind bekommen. Er fühlte sich wohl an dem Ort, an dem er lebte, und nie mehr wieder ist dieses Gefühl, nicht willkommen zu sein, aufgetaucht.

Jetzt kommen wir zu dem Schatz, von dem zu Beginn der Geschichte die Rede war.

Der Schatz, der gehoben wurde, lässt sich anhand der Lebensgeschichte erkennen. Er wurde als uneheliches Kind geboren. Seinen Vater hat er nie kennengelernt und seine Mutter wusste sich nicht anders zu helfen, als zu ihrem Vater, also seinem Großvater zu ziehen. Dieser war zwar alles andere als begeistert von dem Umstand, ein uneheliches Kind in seinem Hause zu haben, aber er wollte seine Tochter auch nicht im Stich lassen. Seinem Enkel jedoch ließ er von Geburt an spüren, dass er nicht willkommen ist. Sowohl sein leiblicher Vater – indem er verschwand – als auch der Großvater vermittelten dem Kind, dass es nicht erwünscht ist. Schon sehr früh entwickelte sich also bei dem Mann ein Persönlichkeitsmuster geprägt von dem Gefühl, nicht willkommen zu sein, das sich auch in späteren Lebenssituationen zu seinen Ungunsten auswirkte. Erst als unser Mann schon in einem Alter war, in dem er mit seinem Großvater sprechen konnte, hat ihn dieser akzeptiert. Allerdings konnten sie zu diesem Zeitpunkt nicht mehr miteinander reden, weil der Großvater eine Kehlkopfoperation hatte, nach der er nicht mehr sprechen konnte. Zu genau dieser Situation kam es dann während der Visionssuche, als der tschechische Förster mit einem nackten Deutschen zu reden versuchte.

Häufig habe ich erlebt, dass die Bildsprache des Rituals derart präzise die Lebenssituationen bis ins Detail inszeniert. Der Schatz, der gehoben wurde, war die Hinbewegung zu dem Urmuster, das zuständig war für die aktuellen Probleme des Heilpraktikers. Durch die Hinbewegung und die Kraft des Rituals war es möglich, das alte Muster aufzulösen und ein neues zu kreieren. Dieses neue Muster war der Anfang für das komplett veränderte Lebensgefühl des Questers. Der Rahmen des Rituals und die Ausrichtung in der Vorbereitung machten diesen grundlegenden Wandel möglich.

DER SCHUTZ IM RITUAL

Durch das Ritual bist Du auf dem gewagten Weg sowohl nach »unten« als auch nach »oben« geschützt. Es gibt auch andere Wege, solche Bewusstseinsschichten zu betreten, aber auf diesen Wegen lauert die Gefahr, dass Du Dich unterwegs verläufst und steckenbleibst. Ein scheinbar sehr einfacher Weg ist der mithilfe bewusstseinserweiternder Drogen. Mit Psilocybin, Meskalin oder LSD kannst Du diese Bewusstseinsschichten auch betreten, aber es braucht viel Erfahrung im Umgang mit diesen Substanzen, um dies gefahrlos tun zu können. Erfahrung, die bei unserem kulturellen Hintergrund normalerweise nicht gegeben ist. Ein Ritual kann ein sehr mächtiges Instrument der Selbsterkenntnis oder Selbstheilung sein.

Alles, was Kraft hat, kann auch missbraucht werden. So ist es auch mit dem Ritual. Wenn Du Dich jedoch an die Spielregeln hältst, die Rahmenbedingungen ernst nimmst und Dich innerlich gewissenhaft vorbereitest, bist Du immer, ich betone immer, geschützt. Ausgenommen sind Menschen, die schon eine psychotische Episode erlebt haben. Bei diesem Krankheitsbild kann auch das Ritual nicht den nötigen Schutz bieten. Bei uns »gesunden Durchschnittsneurotikern« steigt innerhalb eines Rituals nur soviel Material auf, wie wir in der Lage sind zu verarbeiten. Durch das Ritual wirst Du zwar manchmal an die Grenze des Erträglichen geführt, aber niemals darüber hinaus. Die Grenze des Erträglichen ist oftmals nötig, damit der not-wendige anstehende Entwicklungsschritt geschehen kann. Manche Schritte machst Du im normalen Leben auch nur, wenn der Leidensdruck so groß ist, dass Du bereit bist loszulassen.

Im Ritual ist es nicht anders. Das Ritual hat die Funktion, diesen Druck ganz bewusst entstehen zu lassen, damit Bewegung geschehen kann. Der Schutz dabei bleibt gewahrt, sodass Dich die Bewegung zu einem Stück mehr Ganzheit führen kann. Da ich mich bisher immer an die Bedingungen gehalten habe, die ein gelungenes Ritual erfordern, habe ich nur positive Erfahrungen gesammelt. Inzwischen vertraue ich bedingungslos in die Schutzkraft des Rituals.

Verstand versus Vertrauen

Erinnern wir uns an den jungen Mann, dem ein Ast auf den Kopf fiel, aus dem Kapitel »Grenzen erfahren und überschreiten«. An dieser Geschichte kannst Du erkennen, dass der Schutz immer und zu jeder Zeit gegeben ist, auch wenn es erst einmal so aussieht, als hätte er versagt.

Als ich mit dem jungen Mann auf dem Weg ins Krankenhaus war und während des gesamten Prozesses wusste auch ich nicht, wofür dieser Aufruhr, den seine Verletzung mit sich brachte, gut sein sollte. Ich spürte nur, dass trotz aller Dramatik Schutz da ist und dass alles genau so, wie es ist, richtig ist. Das war ganz deutlich und klar wahrzunehmen. Meine Intuition, das Bauchgefühl in mir, strahlte große Ruhe aus. Meine innere Stimme sagte mir: »Bleib ruhig und gelassen und vertraue. Alles ist auf dem richtigen Weg und geschieht zum Wohle des jungen Mannes.« Zugleich war da mein Kopf, mein Verstand, mein Verantwortungsbewusstsein. Qualitäten, die von »Spüren« überhaupt nichts halten, die stattdessen fürchterlich zu toben begannen. Ich wurde förmlich attackiert mit zersetzenden Fragen wie: Wie kann man nur so verantwortungslos handeln? Was, wenn er sich noch stärker verletzt hätte oder gar erschlagen worden wäre von dem Ast? Ist vielleicht doch kein Verlass auf den Schutz des Rituals? Ist das alles nur esoterische Spinnerei? Was werden die Betreuer der Einrichtung, in der der Jugendliche lebt, sagen, wenn sie erfahren was geschehen ist?

Natürlich konnte ich während des Prozesses auch nicht verstehen, was und warum das geschah. Mir blieb nur das Vertrauen in mein Gespür und in die viele Male erlebte heilsame Kraft des Rituals. Und trotz dieser immer wiederkehrenden Fragen war mir klar, dass etwas zum Guten für diesen Jugendlichen geschieht, auch wenn keiner von uns Leitern beim besten Willen hätte sagen können was. An dieser Geschichte und vielen anderen wird deutlich, dass der Schutz immer gegeben ist, vorausgesetzt, dass eine verantwortungsvolle Vorbereitung stattgefunden hat, der Rahmen klar und deutlich geschaffen wurde, Regeln eingehalten wurden und aufrichtig um Schutz und Unterstützung bei den Kräften des Himmels und der Erde gebetet wurde.

WAS SOLL MIT DEM RITUAL ERREICHT WERDEN?

In den vorangegangenen Kapiteln wurde zwar schon in der einen oder anderen Geschichte deutlich, wofür Rituale sinnvoll sein können, aber es lohnt sich, die Ziele und Funktionen von Ritualen durchaus noch genauer unter die Lupe zu nehmen. Gerade in unserer westlichen Welt sind wir bei nahezu allem, was wir tun, zielorientiert. Das ist einer der Gründe, dass wir sehr lange Zeit der östlichen Welt weit voraus waren, was technologischen Fortschritt und damit einhergehend wirtschaftliches Wachstum anbelangt. Der Osten holt inzwischen mächtig auf. Auch bei einem Ritual ist es notwendig, ein klares Ziel zu formulieren, damit ein entsprechendes Ergebnis erzielt werden kann. Rituale ohne klare Zielvorgabe haben keine Kraft und daher auch wenig dauerhafte Wirkung. Aus diesem Grund habe ich entschieden, zum Beispiel beim Ritual der Schwitzhütte, mich völlig freizumachen von den indianischen Inhalten, obwohl die nordamerikanischen Indianer dieses Ritual lebendig erhalten haben. Aber wir hier sind nun mal keine Indianer und in einer völlig anderen Kultur aufgewachsen. Deshalb finde ich es wesentlich sinnvoller, den an jedem Ort der Erde wirksamen Rahmen der Schwitzhütte (der da sehr vereinfacht lautet: eng, dunkel, heiß) zu nutzen und ihn mit den Inhalten unserer Kultur zu füllen und damit auch mit Zielvorgaben, die mit unserer Lebenswirklichkeit zu tun haben. Eine schwache Kopie des Indianischen führt zur Entstellung des Originals und hat durch seine Inhaltsleere nicht viel mehr als den Wellnesscharakter einer Sauna. Natürlich gibt es auch hier Ausnahmen in Gestalt europäischer Schamanen, die die Einweihungen der Indianer besitzen und damit die geistige Reife, die es ermöglicht, ein indianisches Ritual für Europäer sinnvoll und hilfreich anzuwenden. Schamanen dieser Qualität sind jedoch sehr selten. Ich habe mich entschieden, den allgemeingültigen Rahmen zu nutzen und ihn in der Manngeburt mit unseren Inhalten zu füllen, beispielsweise mit den verschiedenen Archetypen. So gibt es in der Manngeburt eine Liebhaber-, eine Magier-, eine Königs- und eine Kriegerschwitzhütte. Lass mich Dir zur Verdeutlichung dazu folgende Geschichte erzählen:

Die Amsel

Bei einer Schwitzhüttenzeremonie zum Königswochenende geriet ein Teilnehmer intensiv mit seiner dem Leben abgewandten, um nicht zu sagen, mit seiner lebensmüden Seite, in Kontakt.

In einer Pause lagen wir alle nackt im Gras. Plötzlich fing der Mann bitterlich an zu weinen und zu schluchzen. Nichts konnte ihn beruhigen, er sprach davon, wie sinnlos sein Leben sei. Das Weinen wurde immer wieder unterbrochen von kurzen Wutanfällen auf sich selbst. Mit geballten Fäusten lag er auf dem Boden und biss die Zähne zusammen. Keine Intervention meinerseits konnte etwas bewirken. Irgendwie saß er in sich und seinem Lebenstrotz fest und vermittelte durch sein Verhalten, dass wir ihn in Ruhe lassen sollten. Daher setzten die anderen Männer und ich den Prozess in der Schwitzhütte fort und überließen ihn draußen unter der Obhut meines Assistenten sich selbst. Ich vertraute darauf, dass das Ritual der Schwitzhütte auch auf ihn außerhalb der Schwitzhütte wirken und sich eine Lösung finden würde. Diese geschah dann nach Schilderung des Mannes folgendermaßen: Er lag da wie in sich selbst gefangen, wütend auf sich und den Rest der Welt. Plötzlich kam eine Amsel geflogen und hüpfte piepsend im Gras um seinen Kopf herum. Wieder und wieder, richtig penetrant. Irgendwann entstand in dem Mann der Eindruck, als würde sich die Amsel über ihn lustig machen, als wollte sie ihm sagen, welch kindisches Theater er hier veranstalte. Mit einem Schlag waren Wut und Schmerz wie weggeblasen und er konnte nun mit etwas Distanz auf seine Situation zu blicken. Da fand er es selbst plötzlich albern, hier so trotzig im Gras zu liegen und sich über das Leben zu beklagen. In diesem Moment reifte der feste Entschluss, seine verkorkste Haltung aufzugeben und von nun an am Leben aktiv teilzunehmen. Das äußerte sich konkret darin, dass er aufstand und sich zu uns in die Schwitzhütte setzte und an dem Prozess entschlossen und bewusst teilnahm. Sein Leben hat er von da an aktiver, mehr von der Täter- als von der Opferseite her angenommen.

Am Königswochenende geht es darum, in Kontakt zu kommen mit der eigenen Königsenergie, Herrscher zu werden, im Reich der eigenen Persönlichkeit – im Gegensatz dazu, von den eigenen Gefühlen beherrscht zu werden. Mit diesem Ziel waren wir in das Schwitzhüttenritual gegangen. Die Schwitzhütte führte den Mann erst an sein Muster der Opferhaltung und dann ermöglichte das Ritual – in diesem Fall mithilfe einer Amsel – die Verwandlung dieses Musters hin zu mehr Königskraft. Hierzu eine E-Mail von ihm etwa eineinhalb Jahre nach dieser Erfahrung: »Habe nach elf Jahren Betriebszugehörigkeit meinen Ausstieg aus der Firma eingeleitet. Eine weiterer ›Lösungsschritt/schnitt‹, der ›vorher‹ undenkbar gewesen wäre.«

Das Ziel in diesem Ritual war, den »Manngeburtler« in Kontakt mit seiner Wut zu bringen, damit er sie verwandeln konnte. Genau das ist geschehen, auch wenn das Ritual sich auf ganz eigene Art und Weise vollzogen hat. Wenn ich davon spreche, dass der Teilnehmer in Kontakt mit seiner Wut kommen sollte, meine ich, dass er sich über seine unterschwellige Wut nicht bewusst war und dass es um einen Bewusstwerdungsprozess ging. Ein wesentliches Ziel von Ritualen ist, solche im Schatten liegenden Kräfte ans Licht zu bringen und sie in bewusstes, zielgerichtetes Handeln zu verwandeln.

Ich nenne das …

Verborgene Seelenanteile kennenlernen

In unserer Psyche wirken jede Menge uns oft unbekannte Kräfte und Energien. Manche kennst Du, manche kannst Du auch benennen, manche vermutest Du, aber Du kannst sie weder konkret fassen noch kontrollieren. Und wieder andere leben in Dir wie in einem Schattenreich, ohne dass Du auch nur die geringste Ahnung von ihrem Dasein hast.

Dann wunderst Du Dich von Zeit zu Zeit, warum Du Dich in einer bestimmten Situation genauso verhältst, obwohl Du Dich doch ganz anders verhalten wolltest. Du staunst über Dein reflexhaftes Verhalten oder über unangenehme Zustände, für die es scheinbar keinen Anlass gibt. Mehr als das Staunen bleibt jedoch häufig nicht zurück. Besonders vernachlässigte Anteile beginnen sich in der Regel immer vehementer und hartnäckiger zu melden. Manchmal leidest Du darunter, ohne dass Du auch nur annähernd den Grund für Dein Unwohlsein benennen könntest. Meist bekommst Du nur das Symptom zu fassen. Dann versuchst Du es vielleicht mit den Hilfsangeboten der Pharmazie, oft nur mit vorübergehender Erleichterung. Schließlich will dieser Anteil in Dir nicht noch mehr betäubt werden, mit allen möglichen Mitteln, beispielsweise durch fernsehen, Alkohol trinken oder am Computer spielen. Stattdessen möchte sich dieses unbekannte Wesen in Dir ausdrücken und leben. Wer weiß schon, dass Panikattacken mit einem vernachlässigten Kinderanteil in Dir zu tun hat, dass Migräne immer auch den Aspekt von nicht ausgedrückter Liebe in sich trägt oder dass Tinnitus darauf hindeutet, dass Du etwas einfach nicht hören magst.

Das sind jetzt schon Symptome mit schwerwiegenden Auswirkungen, bei denen Du mit Sicherheit anfängst, hinzuschauen. Meist melden sich solche verborgene Anteile viel früher und viel sanfter. Nur registrierst Du im Trubel des Alltags ihre Botschaften nicht und wenn, dann verstehst Du sie oft nicht. Wer überlegt schon, wenn er mehrmals hintereinander geblitzt wurde, weil er mit dem Auto zu schnell unterwegs war, für welchen seiner Seelenanteile er sich momentan zu schnell durchs Leben bewegt? Da ist einfach der blöde Blitzer schuld, denkst Du. Und wieder ist eine Chance, etwas zu verstehen und damit vollständiger durchs Leben zu gehen, verpasst. Manchen schweren Unfall könnte man sich durch etwas mehr Achtsamkeit in diesem Bereich ersparen. Auch hier kann das Ritual hilfreich sein. Durch den bewusstseinsöffnenden Charakter von Ritualen bekommst Du Zugang zu Seelenanteilen, zu denen Du normalerweise keinen Kontakt hast. Indem Du in der Tiefe Deines Seins schöpfst, kannst Du Verborgenes ans Licht bringen und verstehen. Erkenntnis wiederum ermöglicht Dir, Ordnung ins Chaos zu bringen. Das Ergebnis ist ein erhöhtes Maß an Lebensqualität. Ein Beispiel dazu:

Das Kalben der Kuh

Ich hatte eine Freundin, die ich schon seit der Fachoberschule kannte. Sie war sehr ehrgeizig, wollte unbedingt studieren und Karriere machen. Kinder waren für sie absolut kein Thema und höchstens unter der Voraussetzung, ihre Karriere vollständig durchlebt zu haben. Wie so oft im Leben, kam es anders als geplant. Schon im ersten Semester ihres Studiums lernte sie einen Mann kennen, verliebte sich in ihn und heiratete ihn. So weit, so gut.

Bald wurde sie jedoch ungeplant schwanger. Abtreibung kam für sie nicht in Frage und Studium mit einem Kind gehört heutzutage ja schon fast zur Normalität. Also setzte sie ihr Studium fort. Jedoch kam schon bald das zweite ebenfalls ungeplante Kind und mit einem Schlag war es vorbei mit ihren Karriereplänen. Er war an ihr, sich um die zwei kleinen Kinder zu kümmern. Ihr Mann konnte sie nicht entlasten. Zähneknirschend ließ sie los von ihren Plänen und versuchte sich mit ihrer neuen Rolle als Mutter und Hausfrau anzufreunden. Anfangs gelang ihr das auch sehr gut, weil die Herausforderung, eine gute Mutter zu sein, ebenfalls ihren Ehrgeiz weckte. Bald jedoch nagten immer heftiger Zweifel, und das Gefühl der Minderwertigkeit rückte immer mehr in den Vordergrund. Aus ihrer Sicht zählte in unserer Gesellschaft nur, wer auf der Karriereleiter steil nach oben gestiegen ist. Mutter und Hausfrau war auf dieser Leiter – ihrer Meinung nach – ganz unten angesiedelt. Das ließ sich immer weniger mit ihrem immer noch ausgeprägt vorhandenen Ehrgeiz vereinbaren. In dieser Zeit entschloss sie sich an einer *Vision-Quest* teilzunehmen, um für sich zu klären, wie sie mit diesem bohrenden Konflikt umgehen sollte.

Nach der Vorbereitungszeit begab sie sich hinaus auf »ihren« Platz. Ohne dass es ihr bewusst war, hatte sie sich mitten auf eine Kuhweide gesetzt. Zwei Tage lang war sie umgeben von Kühen und ihren Kälbern. Anfangs ärgerte sie sich über die, die sie immer so »blöde anglotzten«. Durch die Kühe wurde sie unmittelbar an ihr eigenes Muttersein erinnert und fand dies umso schlimmer, weil sie sogar in der Natur mit ihrem Thema derart heftig konfrontiert wurde. Irgendwann jedoch änderte sie ihre Haltung. Sie begann die Kühe und ihre Kälber zu beobachten. Sie betrachtete sie genauer und erkannte, wie selbstverständlich die Kühe in ihrem Muttersein waren und sie entdeckte zum ersten Mal die Schönheit darin und den Wert, den Mutterschaft hat. In der letzten Nacht, in der es darum geht, wach zu bleiben, hat dann eine schwangere Kuh direkt neben ihrem Platz ein Kalb geboren. Tief bewegt und erschüttert von dieser für sie wunderschönen Erfahrung kehrte sie aus ihrem Ritual zurück. Etwas in ihr hatte sich grundlegend gewandelt oder besser ausgedrückt, etwas kam endlich an seinen richtigen Platz. Zum ersten Mal in ihrem Leben war sie stolz darauf, Mutter zu sein. Und zum ersten Mal verspürte sie die Lust, ein Kind zu bekommen. Wenige Wochen später war sie wieder schwanger. Diesmal gewollt.

Dieses Beispiel zeigt deutlich, was mit Ordnen in der Tiefe gemeint ist. Durch Bewusstwerdung und Annahme des eigenen Auftrags oder der eigenen Bestimmung, konnte meine Freundin Fremdbestimmtes loslassen und dadurch das finden, was sie wirklich erfüllt. Für Außenstehende war es vorher schon zu sehen, dass sie in ihrer Mutterrolle aufgeht und erfüllt ist. Aber ihr funkte immer wieder die von der Gesellschaft und ihrer Herkunftsfamilie aufgezwungene Vorstellung dazwischen, dass sie nur als Karrierefrau wertvoll ist. Als sie nun aus sich heraus eine neue Bewertung ihrer Rolle fand, konnte endlich Frieden einkehren.

Übung: **Blick in die Wunde**

Gehe über die »Schwelle« und suche Dir einen Ort in der Natur, der für Dich eine Wunde repräsentiert. Das kann ein abgebrochener Baum sein, ein Stück aufgerissene Erde, ein Loch in einem Felsen, ein ausgerissener Flügel von einem Insekt. Es gibt keine Vorgabe, was es sein soll, nur für Dich muss damit eine Wunde repräsentiert sein.

Jetzt setzt Du Dich eine Stunde vor diese Wunde und betrachtest sie. Mehr ist nicht zu tun, als Dich hinzusetzen und die Wunde anzuschauen. Dabei kann es geschehen, dass Bilder in Dir aufsteigen, dass lange vergrabene Erinnerungen zurückkommen und dass alle Arten von Gefühlen sich abwechseln. Vielleicht verstehst Du das Thema, das aus Deinen Tiefen in Dir aufsteigt und sich zeigen möchte. Möglicherweise entwickelt sich Dein Ritual natürlicherweise weiter und Du fängst an zu tanzen oder es entsteht ein Gebet tief in Deinem Herzen oder etwas ganz anderes Unerwartetes. Wenn dies der Fall ist, lass es furchtlos geschehen. Eine Instanz in Dir, die um Ganzheit, Heilung und Ordnung weiß, bringt diese innere Bewegung hervor. Sie kann Dich tief berühren und verwandeln. Wenn dies geschieht, ist es ein Geschenk des Rituals: »Blick in die Wunde«.

Genauso gut ist es, wenn sich nichts weiterentwickeln mag, sondern nur das Anschauen der Wunde, ohne weitere Regung, bleibt. Im Ritual folgt die Seele einer eigenen Dynamik. Hier gilt es nichts voranzutreiben oder zu forcieren. In einem ganz eigenen Tempo wird sich durch das Schauen auf die Wunde etwas in Dir bewegen. Vielleicht erkennst Du das WAS Tage später durch einen Traum oder durch eine spezielle Begegnung im Leben. Wichtig ist, dass Du zur Beendigung des Rituals wieder über die Schwelle zurückkehrst. Teile Deine Erfahrung mit einem wohlmeinenden Menschen.

Transformation – Mut zum Wandel

Ein weiteres Ziel von Ritualarbeit ist Transformation. Transformation bedeutet in diesem Zusammenhang die Fähigkeit, einen Seelenanteil oder einen im Dunkeln liegenden psychischen Aspekt, der ein Schattendasein fristet und von dort aus durchaus machtvoll herrscht, umzuwandeln in seine positive Gestalt. So ist zum Beispiel ein übermächtiger Drang nach Gefühlskontrolle näher betrachtet nichts anderes als Angst vor Kontrollverlust. Angst vor Kontrollverlust wiederum bedeutet mangelndes Vertrauen in das Leben. Eine gelungene Transformation führt dazu, dass Du Dir über den Hintergrund Deiner Handlungen bewusst wirst, die überwiegend durch Angst geleitet sind. Darüber hinaus sollte das Ziel der angestrebten Transformation in einer Umwandlung dieser Angst in einen Zuwachs an Vertrauen bestehen. Das, was sich hier so einfach und selbstverständlich liest, ist in der Realität oftmals ein sehr schmerzhafter und intensiver Prozess. Schließlich rührt so ein Transformationsvorgang an Deine tiefsten und schmerzhaftesten Wunden. Deshalb hast Du diese Erfahrung so weit ins Dunkel Deiner Seele verbannt. Gleichzeitig befindet sich genau an diesem Verbannungsort einer der größten Schätze und dieser Schatz kann beispielsweise heißen: »Ich gewinne größeres Vertrauen ins Leben.«

Daher sollte ein gelungenes Ritual immer an der Qualität der Transformation und seiner Alltagstauglichkeit gemessen werden. Ein noch so schönes, buntes Ritual hat keinen sonderlichen Wert, wenn nicht zumindest ein Funken an dauerhafter Verwandlung im Alltag erkennbar ist. Hat es dieses Merkmal nicht, ist es kein Ritual, sondern eher ein Spiel oder eine Theateraufführung. Auch hierzu eine Geschichte, die ich erlebt habe:

Der Puma

Diese Begebenheit ereignete sich vor vielen Jahren während einer *Quest,* an der ich teilnahm. Es geschah in der kalifornischen Bergwüste der Rocky Mountains. In unserer Gruppe befand sich eine Frau, die sich ihren Platz »draußen« sehr weit entfernt vom Basislager wählte. Von der Platzsuche kehrte sie erschöpft und mit hochrotem Kopf zurück. Als sie den Leitern erzählte, wo sie ihren Platz hat, waren diese nicht sicher, ob sie sie überhaupt so weit weggehen lassen sollten. Die Frau bestand allerdings mit Vehemenz auf diesem Platz, weil er der richtige für sie sei.

Also durfte sie am nächsten Morgen zu »ihrem« Platz gehen, um dort vier Tage und Nächte zu verbringen. Sie machte sich auf den Weg mit Rucksack bepackt und mit vollen Wasserkanistern in der Hand. Mühelos fand sie ihren Weg und ihren gewählten Platz, wo sie am Vortag schon Wasserkanister deponiert hatte. Neben ihren Wasserkanistern stand allerdings auch eine unerwartete Überraschung, nämlich ein ausgewachsener Berglöwe.

Noch nicht wirklich realisierend, wer ihr da gegenüberstand spulte sie das in der Vorbereitung eintrainierte Verhalten gegenüber Berglöwen ab. Mit ihren Kanistern in der Hand sprang sie hoch und rief laut und kräftig: Ho! Ho!, in der Überzeugung, dass sich der Puma dadurch vertreiben ließe. In der Vorbereitung hatte es geheißen, dass es zwar Pumas gibt, es aber äußerst unwahrscheinlich sei, ihnen zu begegnen, denn sie seien sehr scheue Tiere. Falls wir doch einem begegnen sollten, sollten wir uns groß machen und laute Geräusche von uns geben, das würde sie dann vertreiben.

Unsere Questerin hatte es aber offensichtlich mit einem Exemplar der weniger scheuen Sorte zu tun. Er blieb einfach stehen und blickte sie an und war vermutlich fassungslos, einem menschlichen Wesen in seinem Revier zu begegnen. Als die Frau realisierte, dass ihr Vertreibungsversuch fehlgeschlagen war, griff sie – statt sich zurückzuziehen – zu Plan B.

Wir hatten nämlich auch gelernt, dass man im Ritual einer *Vision-Quest* in einem Bewusstseinszustand ist, der es ermöglicht, mit Tieren zu kommunizieren. Sie erzählte also dem Puma ihre Pläne. Sie respektiere durchaus, dass dies sein Zuhause sei und sie habe auch nicht vor, ihm sein Zuhause streitig zu machen, aber sie habe hier ein für sie wichtiges Ritual zu vollziehen und er möge dies bitte auch respektieren. Sie würde nur drei Tage und Nächte bleiben und dann wieder gehen. Ob sie der Puma nun verstanden hatte, wissen wir nicht. Jedenfalls trottete er allmählich davon. Erst jetzt realisierte sie, wem sie da eigentlich gegenüber gestanden hatte und plötzlich fühlte sie auch ihre Angst. Dennoch beschloss sie, ihr Lager an diesem Platz aufzubauen. Sie baute ihren Sonnenschutz zeltähnlich, sodass sie wenigstens von zwei Seiten geschützt war. Kopf und Fußende waren allerdings offen. Mit dem Taschenmesser in der Hand verbrachte sie dort zwei Tage und Nächte, in denen sie vor Angst kein Auge zumachte. Zwar hatte sie den Puma nicht mehr gesehen, aber überall waren seine Spuren und der Geruch seines Urins, weil sie sich tatsächlich mitten in sein Revier platziert hatte. Außerdem fand sie den Kadaver eines frisch erlegten Tieres, was nur vorübergehend zu ihrer Beruhigung beitrug. In der dritten Nacht schlief sie dann vor Erschöpfung ein. Plötzlich wurde sie wach, weil sie etwas Warmes, Weiches an ihrem Rücken spürte. An der Außenseite der Plane hatte sich ein großes pelziges Tier an ihren Rücken gelehnt. Es war der Berglöwe!

Ihr stockte der Atem und Todesangst ergriff sie. Sie begann zu beten und wieder mit dem Tier zu reden und sie bewegte sich keinen Millimeter aus Angst, den Puma zu irritieren. Nach einer Weile stand er auf und trottete wieder davon. Bibbernd vor Angst durchwachte sie den Rest der Nacht, um sich beim ersten Sonnenlicht auf den Weg zurück ins Basislager zu begeben.

Dort musste sie noch einen weiteren Tag warten, bis auch wir zurückkehrten. Und es dauerte noch einen Tag bis wir unsere Geschichten erzählen konnten. Bis dahin hatte sie keinem von ihrer Erfahrung berichtet.

Pumamedizin

Als es endlich soweit war, konnte sie nicht mehr an sich halten und platzte mit ihrer Geschichte heraus. Während des Erzählens schüttelte es sie am ganzen Körper und die Tränen schossen ihr nur so aus den Augen. Die ganze Anspannung der Todesangst, die sie seit Tagen in sich trug, entlud sich in diesem Moment. Mit zitternder Stimme, immer wieder durch heftiges Schluchzen unterbrochen, erzählte sie ihre Geschichte. Selten war ich durch die Geschichte eines Menschen so bewegt und persönlich betroffen und nie werde ich diesen Moment vergessen: Sie wurde als kleines Mädchen sexuell missbraucht und in Folge dieses Traumas durchlebte sie für mehrere Jahre eine Prostituiertenkarriere. Zur Zeit der *Quest* war sie gerade dabei, sich aus dieser Szene zu lösen und sich etwas anderes aufzubauen. Diese Frau begegnet auf ihrem Visionssucheritual also ihrer größten Wunde, ausgelöst durch den Puma, der durch seine Kraft jederzeit in der Lage gewesen wäre, sie zu verletzen oder gar zu töten. Sie hatte etwas getan, was Zeit ihres Lebens immer mit ihr selbst geschehen war: Sie hatte die Reviergrenzen des Pumas übertreten, genauso, wie die Männer in ihrem Leben über ihre Grenzen gegangen sind. Und sie machte dabei die Erfahrung, dass der Puma ihre Grenzen respektierte und sie in Frieden ließ, sich im Gegenteil sogar wie ein Kuscheltier an ihren Rücken legt, als wolle er ihr von seiner Kraft und Qualität etwas abgeben.

Von den Indianern weiß man, dass sie bei der Jagd die Qualitäten eines erlegten Tieres ganz bewusst in sich aufnahmen. Hier scheint es so zu sein, als gäbe der Puma freiwillig seine »Medizin«. Ich erinnere mich noch sehr genau, dass mich während der Erzählung eine Gänsehaut überlief und sogar jetzt, beim Schreiben, habe ich sie wieder. Diese Geschichte steckt so voll heilsamer Energie, dass sie jeder, der sich darauf einlässt, förmlich am eigenen Körper spüren kann. Jedenfalls war allen Beteiligten klar, dass dieser Frau eine kraftvolle innere Transformation gelungen war. Wessen Grenzen von einem Puma respektiert werden, hat von nun auch die Kraft und die Klarheit, übergriffigen Männern Grenzen zu setzten, und die Chance, das leidvolle Muster des Missbrauchs und der Grenzüberschreitung zu durchbrechen. Das konnte jeder, der dabei war, zutiefst spüren. Ich weiß nicht, wie es mit der Frau weiterging, weil wir den Kontakt verloren haben. Eines weiß ich jedoch mit Gewissheit, dass in diesen drei Tagen eine tatsächliche Verwandlung stattgefunden hat und dass die Pumakraft dieser Frau jederzeit zur Verfügung steht, wenn sie sich nur erinnert und sich in der Erinnerung mit dieser Erfahrung verbindet.

Mir ist durchaus bewusst, dass diese Geschichte, an einem sicheren Ort unserer Zivilisation gelesen, schwer nachvollziehbar ist. Aber es gibt eben noch andere Wirklichkeiten als die, die uns unser technikgläubiger Verstand vorzugaukeln versucht. Mit einem Ritual können solche Wirklichkeitsebenen betreten werden und genau von diesen Ebenen kommt Verwandlung und Heilung in der Tiefe. Dafür braucht es Mut, Entschlossenheit, Wandlungsbereitschaft und die Sehnsucht nach dem Wahrhaftigen.

Übung: Ein Rucksack voll Steine

In manchen Lebensphasen fühlt es sich so an, als würdest Du zentnerschweres Gewicht auf Deinem Rücken durchs Leben tragen. Wie gern möchtest Du diese Last ablegen und weißt doch nicht wie. Auch hier kann ein Ritual helfen, etwas mehr Bewusstheit zu entwickeln und damit den Startpunkt zu setzen für eine Verwandlung. Für diese Aufgabe ist es nötig, dass Du einen Freund um Unterstützung und Zeugenschaft bittest.

Diesmal benötigst Du einen strapazierfähigen, großen Rucksack, einen ungestörten Platz in der Natur, an dem es viele schwere Steine gibt, eine Decke und wenn möglich eine Trommel.

Wenn Du für alles gesorgt hast, gehst Du mithilfe einer entsprechenden Zeremonie über die Schwelle. Jetzt sammelst Du Steine in Deinem Rucksack. Jedem Stein gibst Du dabei eine Bedeutung: »Du stehst für mein ständiges Lieb-und Nettsein« oder »Du stehst für meinen Großvater, der im Krieg gefallen ist« oder »Du stehst für die Depression meines Vaters« oder »Du stehst für meine Ex-Freundin, die ich noch immer nicht loslassen kann« oder »Du stehst für den Stress in meiner Arbeit«. Wenn Du einmal mit dem Benennen der Steine angefangen hast, wirst Du Dich vielleicht wundern, wie viel Dir in den Sinn kommt, was Du unsinniger Weise durchs Leben schleppst. Du fährst mit dem Steinesammeln fort, bis Dein Rucksack randvoll ist. Jetzt kehrst Du mit Deinem Rucksack an den Ausgangspunkt zurück, nimmst ihn auf den Rücken und beginnst, im Kreis zu laufen. Dabei kristallisiert sich möglicherweise ein zentrales Thema heraus, an dem Du am schwersten trägst. Dies sprichst Du dann laut aus und wiederholst es immer wieder, während Du im Kreis läufst. Vielleicht wird Dir bewusst, dass Du viel für Deinen Vater trägst. Dann wiederholst Du laut rufend zum Beispiel folgenden Satz: »Papa, für Dich trage ich es gerne!« Das Im-Kreis-Laufen und der Satz werden starke Gefühle in Dir auslösen, sehr wahrscheinlich auch Wut, die bisher tief vergraben war. Diese Gefühle sind willkommen und erwünscht. Du kannst dabei die Erfahrung machen, dass sie der Treibstoff sind, der Dich weiterlaufen lässt. Darüber hinaus wirst Du erleben, wie viel ungeahnte Kräfte in Dir stecken. Dein Freund darf Dich dabei von außen mit der Trommel antreiben, weil das eine Unterstützung für Dich ist, an die Grenze zu kommen, die den Wandel bringen kann. Du läufst so lange und rufst Deinen Satz so lange, bis ganz tief aus Deinem Innersten eine Entscheidung hervorbricht, die Dich den Rucksack abwerfen lässt. Diese Entscheidung ist keine Kopfentscheidung, sondern eine, die tief aus Deinem Herzen und Deinen Knochen kommt. Du merkst es daran, dass ein Weiterlaufen rein physisch einfach nicht mehr möglich ist und Du Dich nur noch auf den Boden fallen lassen magst, um liegen zu bleiben und loszulassen. Manchmal kommen auch in dieser Phase starke Gefühle hoch. Viele können hier zum ersten Mal nach langer Zeit wieder und aus tiefstem Herzen weinen. Das ist gut, denn aus der Säuglingsforschung weiß man, dass das Weinen eine der wirkungsvollsten Stressbewältigungsstrategien ist, die uns Menschen zur Verfügung stehen. Wer nicht weinen kann, ist kaum in der Lage, den über Jahre angesammelten physischen und psychischen Stress abzubauen. Das kann zu starken körperlichen Symptomen wie Depression, Herzbeschwerden bis hin zum Herzinfarkt führen. Darum lass in diesem Ritual Deinen Gefühlen ruhig freien Lauf. Du wirst sehen, wie befreiend das sein kann. Dein Freund muss dabei nichts machen, außer einfach da zu sein und präsent zu sein. Zugleich sorgt er für den nötigen Schutz, dass Du in diesem sensiblen Moment nicht gestört wirst. Nach einer Weile wirst Du Dich von ganz allein wieder beruhigen und Du spürst den Boden unter Dir und wie Mutter Erde Dich trägt und wie Du gehalten bist. Dein Freund kann die mitgebrachte Decke über Dich ausbreiten, damit Dir auch physisch warm ist. Genieße diesen Zustand und lasse Dir dabei viel Zeit. Wenn Du das

Gefühl hast, dass Du wieder ganz in Deiner Mitte angekommen bist, stehst Du auf, legst die Steine an einen Platz, an dem es sich für Dich stimmig anfühlt, und dann kehrst Du über die Schwelle zurück aus dem Ritual.

Anschließend erzählst Du Deinem Freund, was Du erlebt hast, und er kann Dir erzählen, wie es für ihn war. Bestimmt wirst Du Dir während der Durchführung des Rituals manchmal denken, dass Du nicht ganz richtig im Kopf bist. Starke Gefühle sind in unserer Gesellschaft verpönt und werden daher tabuisiert und verdrängt. Das gerade ist aber der Grund, warum unsere Welt so krank ist. Es ist nicht krank diese Gefühle zu haben, sondern im Gegenteil ist es eher krank sie so zu verdrängen, wie wir es tun. Ein Beispiel für die Auswirkung verdrängter Gefühle ist der Selbstmord des Fußballnationaltorhüters Robert Enke. Ihm ließen u.a. seine starken, über Jahre unterdrückten Versagensängste keine andere Wahl als den Freitod. Er ist dabei keine Ausnahme. In vielen Fällen werden nur die verborgenen Hintergründe nicht erkannt.

Gefühle befreien

Unser technisches und materielles Weltbild verträgt sich überhaupt nicht mit der Irrationalität unserer Gefühle. Dies ist ein Konflikt, den wir dadurch zu lösen versuchen, dass wir unangenehme und ungewollte Gefühle in den Keller unseres Daseins verbannen. Dort fristen sie dann ein Schattendasein und bekommen nur in seltenen Momenten den ihnen angemessenen Raum.

Wer Gefühle zeigt oder zulässt, gilt im besten Fall als schwach, im schlimmsten Fall als krank. Lebt nicht eine ganze Industrie davon, dass wir meinen, unsere Gefühle gehörten eingedämmt? Ist es heutzutage nicht eine Selbstverständlichkeit, dass der Ehefrau des Verstorbenen eine Beruhigungspille angetragen wird, damit sie die Beerdigung verkraftet? Mit ihren schmerzvollen Gefühlen soll sie gefälligst zu Hause allein im stillen Kämmerlein bleiben. Wäre es aber nicht gerade in solchen Momenten hilfreich, den Schmerz – und dazu gehört nun mal auch sein Ausdruck – in der Gemeinschaft zu teilen und dabei die Erfahrung zu machen, gehalten und getragen zu sein? Stattdessen verhalten wir uns so, als würde unsere saubere, klinisch reine Weste beschmutzt vom emotionalen Müll der Weinenden oder gar Schreienden. Dafür dürfen die Tränen bei jedem billigen amerikanischen Rührstück hemmungslos fließen oder bei der Niederlage der deutschen Fußballnationalmannschaft. Irgendwie muss sich der emotionale Überdruck schließlich befreien. Im einen Fall findet es im dunklen Kinosaal statt. Bis der Abspann vorbei ist, sind die Tränen schon wieder getrocknet. Im anderen Fall, die eher männliche Variante, findet der emotionale Erguss meistens unter dem Einfluss von einer gehörigen Portion Alkohol statt, der bekanntlich ab einem gewissen Quantum die Hemmschwelle senkt.

Ist es nicht traurig, dass wir einen geliebten Menschen aufgrund gesellschaftlicher Konvention nicht angemessen betrauern dürfen, aber ein Fußballspiel zur Staatstrauer führen kann?

Nicht nur Trauer und Schmerz sind unerwünscht, sämtliche sogenannten negativen Gefühle sind unerwünscht. Ich spreche nicht davon, dass Du jetzt losrennen sollst, um irgendjemandem Deine Wut um die Ohren zu hauen. Ich spreche davon zu lernen, sich den Gefühlen zu stellen und sie verantwortungsvoll auszudrücken, statt sie zu betäuben und sie in den Untergrund unserer Persönlichkeit zu sperren, wo sie dann ihr Eigenleben fristen und früher oder später ihr machtvolles zerstörerisches Werk vollbringen. Je nach Veranlagung richtet sich die Zerstörung gegen Dich selbst oder gegen andere. Selbstzerstörung aufgrund von unterdrückter Wut findet in Depressionen, in Essstörungen, in Drogenkarrieren bis hin zu schweren Unfällen ihren Ausdruck. Von der Zerstörung anderer zeugen »unerklärbare« Amokläufe, Fremdenfeindlichkeit, körperlicher und seelischer Missbrauch und Krieg. In allen Fällen lässt sich bei genauer Betrachtung feststellen, dass eine große Unbewusstheit bezüglich der eigenen Gefühle vorliegt, dass nicht gelernt wurde, wie ein reifer, erwachsener Umgang mit »negativen« Gefühlen aussieht. Stattdessen wurden diese unangenehmen Gefühle für lange Zeit verdrängt. Irgendwann ist das Maß voll. Dann übernehmen sie das Regiment, entladen sich unkontrolliert und das in vielen Fällen vernichtend.

In den alten Kulturen gab es Rituale der Trauer, Rituale der Wut und Rituale des Mannwerdens. Diese Rituale hatten einen emotional-hygienischen Charakter für die Gemeinschaft. Sie trugen dazu bei, dass die Urkräfte des Lebens – nichts anderes sind Gefühle – frei fließen durften und angemessen innerhalb von Formen und Regeln ausgelebt werden konnten.

Oft waren diese Rituale die Grundlage für das friedfertige Zusammenleben in einer Gemeinschaft. Leider haben wir das Wissen um diese Rituale fast vollständig verloren. Rudimentär ist es noch vorhanden. Wer weiß, was geschehen würde, wenn mancher Marathonläufer oder Extremsportler seine Energien nicht in dieser Form abbauen würde. So gut diese Sportarten sind, es fehlt hier der transformatorische Charakter, denn es wird zwar Wut abgebaut, aber nicht verwandelt. Das heißt, die Wut hat sich bald schon wieder aufgebaut. Dann muss erneut Dampf ablassen werden aus dem Überdrucktopf. So entsteht der Drang zur ständigen Wiederholung und damit die Sucht, speziell bei Extremsportarten. In einem Ritual werden Gefühle kanalisiert, in eine Form gebracht, sodass Dir ihr Energiepotenzial dauerhaft für etwas Produktives zur Verfügung steht. Mit umgewandelter Wutenergie kannst Du Projekte umsetzen, zu denen Du vorher nicht in der Lage warst, weil ein Großteil Deiner Energie zur Kontrolle Deiner Wut aufgebracht wurde. Wenn Du wirklich aus dem Ur-Grund Deiner Wut schöpfst, kannst Du Berge versetzen. Allerdings begegnest Du dabei mit Gewissheit auf diesem Weg auch einer starken seelischen Wunde und dem mit ihr verbundenen Schmerz.

Hierzu eine Geschichte aus meinem Leben:

Wolfenherz

Vor vielen Jahren ging eine langjährige tiefe Liebesbeziehung zu Ende. Der Schmerz darüber war groß und im Laufe der Trennungsphase tauchte von ganz unten eine mörderische, höllische Wut auf meine Freundin auf. Die Wut hatte eine Dimension, dass es mir unmöglich schien, angemessen mit ihr umzugehen. Würde ich ihr freien Lauf lassen, würde ich das Leben meiner Liebsten zerstören und damit zugleich mein Eigenes. Das erste Mal in meinem Leben wurde mir bewusst, dass ich töten kann, dass auch in mir das Potenzial eines Mörders steckt.

Mein Gewissen und mein Überlebensinstinkt verboten mir, meiner Wut freien Lauf zu lassen. Zugleich hatte ich das Gefühl an ihr zu ersticken. Ein starker, unerträglicher Konflikt. Am tiefsten Punkt angelangt, kam mir endlich die Lösung. Aufgrund meiner therapeutischen Ausbildung wusste ich damals schon einiges über die Wirkkraft von Ritualen und ihrem Umgang damit. Ich beschloss ein Wutritual durchzuführen.

So besorgte ich mir einen großen Klumpen Ton. Ich verdunkelte den Raum und verband mir die Augen, damit ich durch nichts von außen abgelenkt würde und um ganz in Kontakt mit mir und meinen Gefühlen bleiben zu können. Danach formte ich aus dem Klumpen eine große schwere Tonkugel und stellte mir vor, dass diese Kugel meine Ex-Freundin repräsentiert.

In dem Moment war die Wut wieder spürbar und ich ließ ihr freien Lauf. Mit meinen Fäusten prügelte ich auf die Kugel ein, zerfetzte den Ton in Stücke, würgte ihn und tat ihm alle Grausamkeiten an, die mir in den Sinn kamen. Dabei habe ich geschrien und gebrüllt wie ein Berserker oder zwischendurch auch gewimmert wie ein verwundetes Tier. In meine tiefsten Abgründe bin ich gestiegen und habe sie ausgelebt. Wahrscheinlich dachten meine Nachbarn, dass ich jetzt endgültig verrückt werde. Stattdessen fand einfach nur eine Generalreinigung meines »Seelenkellers« statt. Nachdem auch das letzte Fitzelchen an Wut und Schmerz entlassen war, wurde es ruhiger. Mein Atem beruhigte sich allmählich und irgendwann fand ich mich sitzend mit dem Ton in meiner Hand. Wie von selbst begannen meine Hände den Ton zu formen. Ich ließ es einfach geschehen und beruhigte mich mehr und mehr. Nach einer Weile waren meine Hände fertig mit ihrem Tun. Zugleich überkam mich eine vollkommene innere Ruhe, verbunden mit einem tiefen Gefühl von Frieden.

Es war still in mir.

Die tosenden Wogen des Wut-Orkans hatten sich vollständig beruhigt und ich fühlte einen Frieden, wie ich ihn selten zuvor und danach erlebt habe. Meine warmen und weichen Hände hielten etwas, das sich so anfühlte wie ein sanftes leises Pulsieren. Ich löste die Augenbinde und in meinen Händen hielt ich ein riesiges, wunderschönes Herz aus Ton. Tief berührt von dieser Wandlung schrieb ich ein Gedicht, in dem ich alles ausdrücken konnte, was an Gefühlen in mir war, und das mit einem Dank für die Erfahrung der Liebe endet.

Gefühle sind Lebensenergie

Diese Geschichte zeigt in verdichteter Form, dass es Deine Gefühle nicht verdienen, eingesperrt zu werden. Sie verdeutlichen, welchen Schaden und welches Leid Du Dir selbst zufügst, indem Du sie abschneidest und negierst. In Wirklichkeit schneidest Du Dich dadurch von der Liebe und vom Leben ab. Gefühle sind nichts anderes als reine Lebensenergie. Sie sind Ausdruck der Liebe für das Leben!

Gefühle sind von ihrer Natur her neutral. Es gibt keine guten oder schlechten Gefühle. Es gibt nur einen konstruktiven oder destruktiven Umgang damit. Wut ist nicht automatisch destruktiv. Hätte mein Zahnarzt nicht ein gewisses Maß an Aggressions- und Wutenergie, wäre es ihm unmöglich, seinem Patienten den faulen Zahn zu ziehen. Niemand würde ihn wohl jemals für diese aggressive Handlung verurteilen, denn jeder spürt, dass die Aggression hier zum Wohle des Patienten eingesetzt wird. Du kannst jedes Gefühl, wirklich jedes, untersuchen, und immer wieder wirst Du zum selben Ergebnis kommen, dass es nämlich an Deinem Umgang mit diesem Gefühl liegt, ob es konstruktive oder destruktive Folgen mit sich bringt. Selbst die sogenannten positiven Gefühle wie Liebe, Mitgefühl, Barmherzigkeit können destruktive Folgen haben, wenn sie falsch eingesetzt werden. Wenn ein Richter einen chronischen Sexualstraftäter vor Mitleid mit dessen schlimmer Krankheit laufen lässt, kann das verheerende Folgen haben.

Aus meiner eigenen Geschichte habe ich gelernt, meine Gefühle nicht länger zu verurteilen und wegzusperren, sondern einen verantwortungsvollen Umgang mit ihnen zu pflegen. Wenn das gelingt, kann auch das dunkelste, abgründigste Gefühl zum Verbündeteten auf dem weiteren Lebensweg werden. Wie an der Geschichte zu sehen ist, lieferte meine damalige mörderische Wut einen wesentlichen produktiven Beitrag zum Erklären der Wirkung von Ritualen, wie es mir heute möglich ist. Viele Male hat diese verwandelte Wut in Vorträgen schon dazu beigetragen, dass ich meine Zuhörer auch im Herzen erreichen konnte und diese mit dem Herzen verstehen konnten, was ich zu vermitteln versuchte. Für mich ist dies das größte Geschenk, das einem Vortragenden widerfahren kann. Gefühle zu kanalisieren und zu transformieren, ist der wichtigste Beitrag, den Rituale leisten können.

Übung: Die Tonkugel

Nimm meine »Wut-Geschichte« im vorherigen Kapitel als Beispiel. Genau wie dort beschrieben kannst Du für Dich selbst ein Ritual entwickeln, um akut spürbare Wut zu kanalisieren und konstruktiv umzuwandeln.

Lebensübergänge

Das Leben besteht aus einer Fülle von Übergängen. Die beiden größten Lebensübergänge sind die Geburt und das Sterben. Du hast den Übergang Geburt schon durchlebt und auch das Sterben wirst Du erfahren. Neben diesen großen Übergängen durchlebst Du im Laufe Deines Lebens eine Fülle an kleineren Übergängen. Hier ein paar Beispiele:

- den ersten Schultag (Abschluss der Kleinkindphase)
- die Adoleszenz (Übergangsphase vom Kind zum Erwachsenen)
- Heirat / sich Verpartnern (Übergang vom Junggesellendasein in eine Zweierbeziehung)
- Elternschaft (Übergang von Eigenverantwortlichkeit in die Verantwortung für ein anderes Wesen)
- Trennung, Scheidung, Tod des Partners, Krankheit, Berufswechsel, Pensionierung.

Eines haben alle Übergänge gemeinsam: Sie bieten eine Menge Potenzial für schwere Lebenskrisen, wie Du sie vielleicht auch selbst erlebt hast. Warum ist das so?

Jeder Übergang ist dadurch charakterisiert, dass etwas Altes, Bekanntes, Gewohntes zu Ende geht und zurückgelassen werden muss. Meist hat Dir dieses Gewohnte viel Sicherheit geboten, wenn auch manchmal nur eine Vermeintliche. Aber es ist immer leichter mit einer vermeintlichen Sicherheit zu leben, die bekannt ist, als das Gefühl des Unbekannten auszuhalten.

Das Alte gilt nicht mehr und das Neue ist noch nicht da. Du ahnst vielleicht, wie es aussehen könnte, aber es hat sich noch nicht manifestiert. Das verunsichert. Du gerätst für eine Weile in eine Art Zwischenzustand, der sich wie ein Niemandsland anfühlen kann, in dem es keine Orientierungsmöglichkeit gibt, in dem auch die alten Lebensstrategien nicht mehr greifen.

Hier lauert die Krise, Angst macht sich breit, manchmal sogar Panik, Depression, Krankheit. Hinzu kommt in solchen Übergangszeiten, dass sich Kräfte freisetzen, zu denen Du bisher keinen Zugang hattest, und Du daher auch nicht weißt, wie Du damit umgehen sollst. Am Beispiel der Adoleszenz lässt sich das Zusammenspiel der verschiedenen Stufen einer Übergangsphase am besten beobachten.

Das Übergangsritual

Zu Beginn der Pubertät bemerkt das Kind, dass eine körperliche Veränderung bei ihm vorgeht.

Die Geschlechtsmerkmale verändern sich, Haare beginnen zu wachsen, die Stimme verändert sich. Zugleich verändert sich die innere Befindlichkeit. Die ausgeglichene Gefühlswelt des Kindes wird erschüttert und durch bis dahin nicht erlebte Gefühlsschwankungen und neue unbekannte Empfindungen abgelöst. Das Bewusstsein vermittelt dem Jugendlichen, dass die Kindheit vorbei ist und er erwachsen werden soll, ohne auch nur annähernd zu wissen, was das eigentlich bedeutet. Kurz gesagt: Kein Stein bleibt auf dem anderen. Von unten, noch nicht sichtbar, entsteht schon mit geballter Kraft das Fundament des Neuen, ohne einen wirklichen Bauplan zu haben. Aus dieser explosiven Mischung können sich ausgewachsene Lebenskrisen entwickeln. Die Adoleszenz bietet zwar ein besonders großes Krisenpotenzial, aber auch andere Übergänge haben eine vergleichbare Wirkung, wenn auch nicht immer in so ausgeprägter Form. Für solch schwierige Lebensphasen sind Hilfe und Unterstützung nahezu unabdingbar.

Es können Übergangsrituale sein, wie zum Beispiel die »Manngeburt«. Ein Übergangsritual kann helfen, die ungeformten und ungebündelten Kräfte einer Übergangsphase zu strukturieren und zu kanalisieren. Dadurch wird Dir ein klarerer, bewusster Umgang mit der Krise möglich, und der Wachstumsschub kann in eine konstruktive Richtung gelenkt werden. Im Chinesischen ist das Zeichen für »Wachstum« aus den Zeichen von »Krise« und »Chance« zusammengesetzt. Genau das ist die Aufgabe eines Übergangsrituals, nämlich die Krise als Chance für Wachstum zu nutzen. Lass mich zur Verdeutlichung eine Geschichte aus dem Übergangsritual der *Vision-Quest* erzählen.

Gott sei Dank ist mir das passiert

Es ist die Geschichte eines 18-jährigen Jugendlichen, der innerhalb von einem Jahr zwei Visionssuchen absolvierte und damit seine massiv krisenbehaftete Zeit der Adoleszenz gesund und einigermaßen gefestigt bewältigen konnte. Der junge Mann kam zu mir, weil er durch Zufall im Nebenraum war, als ich einer anderen Jugendlichen von der Visionssuche erzählte. In seiner damaligen Verfassung wäre er nie durch eigenen Antrieb zu mir gekommen. Sein Leben hatte ihn in Kontakt gebracht mit allen Arten von Drogen und er war derart haltlos und verzweifelt, dass er sich fast täglich überlegte, ob er sich den »goldenen Schuss« setzen sollte. Er hörte also meine Erzählungen und irgendwie musste er gespürt haben, dass in der *Vision-Quest* eine Chance für ihn stecken könnte. Obwohl er sich von der Erwachsenenwelt vollkommen im Stich gelassen fühlte und sein Vertrauen in die Erwachsenen nahezu auf den Nullpunkt gesunken war, kam er plötzlich ins Zimmer, erzählte, dass er unser Gespräch mitgehört habe, und fragte mich, ob ich ihn auf eine *Quest* mitnehmen würde. Unter der Bedingung, dass er mindestens vier Wochen drogenfrei bleibt, sagte ich ihm eine Teilnahme zu. Er hielt sich an die Vereinbarung und erledigte alle Aufgaben, die zur Vorbereitung einer *Quest* gehören. Die *Quest* fand in Spanien in einer wüstenähnlichen Gegend statt. Zu Beginn einer *Quest* schicke ich die Teilnehmer für eine erste Geländeerkundung eine Stunde hinaus in die Natur, nicht ohne mit ihnen vorher alle Vorsichtsmaßnahmen zu besprechen. Der Jugendliche ignorierte diese Vorgaben völlig und marschierte ohne Wasser, ohne Kopfschutz auf seinem glatt rasierten Schädel, mit komplett schwarzen Klamotten hinaus in die spanische Nachmittagssonne. Nach exakt einer Stunde sah ich ihn superpünktlich den Hügel hochklettern. Ich war verblüfft, weil ich damit nicht gerechnet hatte und wollte gerade zu einem Lob ansetzten, als er vor mir auf den Boden sank. Erst jetzt erkannte ich, dass er im Gesicht und am ganzen Körper aufgekratzt war und blutete.

Sofort gaben wir ihm Wasser zu trinken, legten ihn in den Schatten und behandelten die Wunden. Er sah furchterregend aus, aber noch immer völlig außer Atem japste er: »Gott sei Dank, ist mir das passiert, dann vergesse ich es wenigstens nicht mehr!«

Die Dimension dieser Aussage sollten wir erst später verstehen. Er erholte sich relativ schnell und erzählte uns, was geschehen war:

Beim Hinunterklettern von einem Hügel war er rücklings in einen Dornenbusch gefallen. Die Büsche dort hatten Dornen von etwa fünf Zentimeter Länge. Er lag nun wie ein auf den Rücken gefallener Käfer, vom Dornenbusch gefangen. Sehr schnell war ihm klar, dass es sein Todesurteil sein könnte, wenn es ihm nicht gelänge, sich aus dem Busch zu befreien. Bis wir sein Fehlen bemerken würden und ihn fänden, hätte es für ihn in seinem von den Drogen geschwächten Körper zu spät sein können. Unmittelbar war er am Zentrum seiner Lebenskrise angelangt. Hatte er in der letzten Zeit nicht täglich überlegt, sich aus dem Leben zu entfernen? Jetzt war er tatsächlich in einer lebensbedrohlichen Situation und er hatte nun die Wahl.

Der Lebenstrieb in ihm war stärker.

Zum ersten Mal in seinem Leben hat er sich ganz bewusst dafür entschieden, leben zu wollen.

Also griff er mit beiden Händen in die Dornen und zog sich mit eigener Kraft aus dem Busch. Auf dem Weg zurück musste er sich noch ein paar Mal aufs Neue entscheiden, weil er mehrmals der Erschöpfung so nahe war, dass er am liebsten aufgegeben hätte. Jedes Mal hatte sein Lebenswille gesiegt. Unter diesem Aspekt konnten wir dann auch seine Aussage verstehen, er sei froh um die schmerzhaften körperlichen Wunden, weil sie ihn daran erinnerten, dass er lebt, und noch viel wichtiger, dass er die bewusste Entscheidung getroffen hatte, leben zu wollen. Er konnte jetzt nicht mehr böse sein auf seine Eltern, die ihn gezeugt hatten, und einen Gott, der ihm so ein schreckliches Leben zumutet. Er war jetzt ganz allein dafür verantwortlich, dass er noch immer unter uns weilte.

Zurück im Leben

Diese Erfahrung und auch die weiteren Erlebnisse, die er in dieser ersten *Quest* hatte, führten dazu, dass er das Leben wieder zuließ. Das Leben zulassen heißt auch, wieder zu spüren. Das geschah im Fall dieses Jugendlichen auf sehr schmerzhafte Art und Weise. Darüber hinaus durchlebte er im Jahr nach dieser ersten Visionssuche alle schmerzhaften Seiten seines Lebens, die aus einer sehr schwierigen Kindheit resultierten. All das drängte in der Pubertät ans Licht. Um es nicht spüren zu müssen, hatte er sich mit Drogen betäubt. Er verzichtete jetzt weitestgehend auf Drogen, dafür war der Schmerz sein ständiger Begleiter. Allerdings war er auch wieder in der Lage, positive Gefühle zu empfinden. Er konnte in diesem Jahr wieder

Hilfe und Unterstützung durch das Jugendamt, in Form von Betreuung, annehmen. Das war vor der *Quest* wegen seines Misstrauens Erwachsenen und Institutionen gegenüber undenkbar. Jedoch war er, irritiert durch seine häufigen seelischen Schmerzen, nicht in der Lage, eine Ausbildung durchzuhalten. Mehr als gelegentliche, zeitlich begrenzte Jobs waren nicht möglich. Das war dann auch der Grund, weshalb er sich ein Jahr später noch einmal zu einer *Quest* bei mir anmeldete. Er wollte sich ein inneres Fundament erarbeiten, damit er eine Ausbildung durchhalten konnte. Das ist ihm mithilfe der zweiten *Quest* gelungen. Er hat eine Ausbildung als Einzelhandelskaufmann abgeschlossen. Ein Jahr später bekam ich einen Brief aus Südfrankreich von ihm. Er war mit seiner ersten großen Liebe dorthin in Urlaub gefahren und er schrieb, dass er zum ersten Mal das Leben genießt.

Weiter meinte er, es sei vielleicht übertrieben zu sagen, dass die beiden Quests sein Leben gerettet hätten, aber sie waren das Wichtigste und Beste, was er bisher in seinem Leben getan hatte. Wie es mit dem jungen Mann weiterging, weiß ich leider nicht. Bestimmt hatte er immer wieder einmal schwere Zeiten und vermutlich braucht es auch irgendwann in seinem Leben eine längere Therapie, um seine schwierigen frühkindlichen Erfahrungen ganz zu verarbeiten, aber das Übergangsritual ermöglichte ihm immerhin, die dramatische Zeit der Adoleszenz unbeschadet zu durchleben. Nicht immer muss es in Übergängen um Leben und Tod gehen, aber immer geht es um Veränderungen, die uns in der Tiefe erschüttern und berühren. Und immer wird dabei etwas Altes, Verbrauchtes sterben, damit Neues, Fruchtbareres geboren werden kann. Für solche Zeiten sind Übergangsrituale ein probates Mittel, damit die Krise in eine neue Kraft münden kann, etwas, das im »normalen« Leben durchaus nicht immer gewährleistet ist.

Übung: Das Sterberitual

Um den Übergang in einen neuen Lebensabschnitt konstruktiv einzuläuten, eignet sich ein Sterberitual ausgezeichnet. Dafür brauchst Du einen ungestörten Platz in der Natur, eine Isomatte, eine Decke und ein Tagebuch.

Du breitest Deine Isomatte auf dem Boden aus. Danach baust Du mit Steinen oder Hölzern einen Schutzkreis um die Isomatte. Jedem Stein gibst Du dabei eine Dich stärkende und nährende Bedeutung, ebenso wie schon bei dem Ritual die »Wachnacht« beschrieben.

Die Decke legst Du in den Kreis zur Isomatte. Wenn Du alle Vorbereitungen getroffen hast, gehst Du zeremoniell über die Schwelle. Damit beginnt Dein Ritual. Du betrittst Deinen Schutzkreis und legst Dich auf die Isomatte, die Dein Sterbebett repräsentiert. Da liegend stellst Du Dir vor, dass jetzt Deine Todesstunde gekommen ist. Hierfür lädst Du alle Menschen, tot oder lebendig, ein, die bereit sind, zu Deinem Sterbebett zu kommen, um sich von Dir zu verabschieden. Nun liegst Du einfach da und wartest in Offenheit darauf, wer da kommen mag. Manchmal tauchen ganze Karawanen auf, manchmal nur ein einziger Mensch oder auch gar keiner. Egal, wie viele kommen, alles ist so in Ordnung. Es geht nur darum, von dem jeweiligen Menschen, der vor Deinem inneren Auge auftaucht, einen Abschied zu finden. Manche werden Dich um Verzeihung bitten, bei anderen hast Du vielleicht das Bedürfnis, Dich zu entschuldigen. Manchmal ist es auch nicht möglich, etwas zu bereinigen, auch dann geht es darum, sich stimmig zu verabschieden. Wenn es ums Sterben geht, ist auch nicht mehr viel Zeit, endlose Gespräche und Debatten zu führen. Es geht darum, in der gebotenen Kürze der Zeit einen Abschied zu finden. Bei manchen Menschen wird das leicht gehen, bei anderen können Dich starke Gefühle übermannen. Lass es geschehen und verabschiede Dich.

Das machst Du so lange, bis niemand mehr kommt. Dann stellst Du Dir vor, dass Du stirbst. Dabei stirbt etwas Altes in Dir. Wenn dies geschehen ist, kannst Du wieder aufstehen und geklärt in Dein neues Leben gehen. Du kehrst mithilfe einer Zeremonie über die Schwelle zurück in Dein Alltagsleben. Du räumst Deinen Sterbeplatz auf, als wäre da nie jemand gewesen.

Danach schreibst Du Deine Erfahrungen in Dein Tagebuch. Du kannst auch einem Freund oder einer Freundin von Deiner Erfahrung berichten. Dieses Ritual klärt auf einer inneren Ebene Deine Beziehungen. Es kann durchaus sein, dass die Menschen in Deinem Umfeld danach anders auf Dich zugehen. Außerdem hilft dieses Ritual in einer Übergangsphase oder einer Umbruchsituation, den Beginn des Umbruchs einzuleiten und zu strukturieren. Wenn Du die Ränder des Rituals – Anfang und Ende – klar gestaltest, musst Du keine Angst haben, dass dadurch eine okkulte Situation entsteht. Im Gegenteil, dieses Ritual hilft Dir, Dich auf der ganz irdischen Ebene zu klären und zu stärken. Versuche dennoch, einen Freund Deines Vetrauens zu finden, der in der Nähe auf Dich aufpasst. Denn wenn besonders tiefe Emotionen aufbrechen, dann ist es gut, wenn Du jemanden an Deiner Seite hast.

DAS INITIATIONSRITUAL MANNGEBURT

In diesem Kapitel möchte ich Dir erzählen, wie der Initiationszyklus »Manngeburt« verläuft. Allerdings werde ich keine konkreten Übungen, Aufgaben und Prüfungen beschreiben, weil der Effekt häufig davon abhängt, dass der Einzelne nicht weiß, was auf ihn zukommt. Wichtig ist mir jedoch zu betonen, dass alles unter der Prämisse der Freiwilligkeit steht. Auch Gruppendruck lasse ich nicht zu. Im Gegenteil, manchmal ist der heilsame Moment gerade der, wenn ein Teilnehmer sagt: »Hier ist meine Grenze, ich mache da nicht mit.«

Das Anerkennen und Würdigen der persönlichen Grenze bringt oftmals einen ungewohnten Prozess in Gang. Für Männer, die es ein Leben lang gewohnt waren, die Zähne zusammenzubeißen und zu funktionieren, kann es der Wendepunkt im Leben sein, sich entgegen des gewohnten Selbstbildes hinzustellen und die eigene Grenzen zu vertreten.

WAS GESCHIEHT WANN?

Der erste persönliche Kontakt findet meist auf einem meiner Informationsabende statt. Dort erzähle ich in konzentrierter Form das, was Du hier in diesem Buch bisher schon gelesen hast. Am Ende jedes Infoabends veranstalte ich mit den anwesenden Männern einen kurzen *Council,* in dem sie erzählen können, was sie im Zusammenhang mit meinem Vortrag jetzt in diesem Moment bewegt. Für viele Männer ist diese kurze Gesprächsrunde mit dem »Sprechenden Stab« der Türöffner zu einer Teilnahme an der Manngeburt.

Eine der größten Sehnsüchte von Männern wird dabei konkret erfüllt und erlebt. Viele Männer unserer Kultur schleichen als einsame Wölfe durch das Leben. Wie es wirklich in Dir aussieht, wird selten gezeigt. Viele moderne Männer haben aber auf diese »Einsamkeitsnummer« keine Lust mehr, wissen jedoch auch nicht, wie sie etwas ändern können. Schon in dieser ersten *Council*-Runde entsteht häufig eine ganz einzigartige Intimität und Nähe unter wildfremden Männern. Das Ende der Infoabende hatte bisher immer etwas Magisches, was auch mich jedes Mal wieder verblüfft. Natürlich meldet sich daraufhin nicht jeder Mann für so einen großen Prozess von neun Monaten Dauer an, aber nahezu alle gehen mit einem beschwingten Gefühl nach Hause, weil sie vielleicht zum ersten Mal seit Langem erlebt haben, dass es sehr wohl einen Weg aus der inneren Isolation gibt und dass sie mit ihrer Sehnsucht nach mehr Kontakt und Nähe unter Männern nicht allein sind.

Der nächste Schritt zu einer Anmeldung ist das Verfassen eines Motivationsschreibens. Es ist zur inneren Klärung und Ausrichtung da und soll Antwort geben auf Fragen wie: Worauf will ich mich in den nächsten neun Monaten fokussieren? Was erhoffe ich mir von der Teilnahme an einer Manngeburt? Was möchte ich in meinem Leben hinter mir lassen und für welchen neuen Schritt möchte ich mich öffnen? Oftmals treffe ich mich nach Erhalt des Motivationsschreibens noch für ein Einzelgespräch mit dem betreffenden Mann. Dabei wird auch abgeklärt, ob es Vorerkrankungen psychischer oder physischer Art gibt. Da die Manngeburt ein intensiver Prozess ist, vergleichbar einer Wurzelbehandlung auf seelischer Ebene, ist es im Vorfeld nötig, gründlich abzuklären, ob dieses Ritual für den betreffenden Mann geeignet ist, und auch der Teilnehmer muss vorher wissen, worauf er sich einlässt. Wenn dies alles geschehen ist, kann es losgehen.

Erstes Wochenende: Begegnung mit dem wilden Mann

An diesem Wochenende geht es darum, dass sich die Männer kennenlernen und einen ersten Schritt hin zu ihrer Thematik machen. Der »wilde Mann« ist dem Männerbuch *Eisenhans* von Robert Bly entnommen. Der wilde Mann entspricht nach meinem Verständnis dem Ur-Archetypen des Mannes, der sich dann in die Archetypen Liebhaber, Magier, König, Krieger ausdifferenziert. Das Wochenende ist so ausgelegt, dass Du Gelegenheit bekommst, die Kraft des wilden Mannes in Dir zu spüren. Zugleich verpflichtest Du Dich in diesem ersten Treffen in den folgenden neun Monaten ein Herzensprojekt zu verwirklichen, also beispielsweise etwas zu bauen, ein Instrument zu erlernen oder etwas Soziales zu verwirklichen, etwas, was Du schon immer in Deinem Leben machen wolltest, aber nie dafür die Zeit gefunden hast. Dies schreibst Du nur für Dich auf einen Zettel. Ganz am Ende des Manngeburtzyklus, als letzter Akt sozusagen, wird dann verlesen, was Dein Herzensprojekt war und es wird dann auch von Dir präsentiert. Von einem Wochenende zum nächsten gibt es jeweils Aufgaben als Vorbereitung für das kommende Thema. Zwischen den Wochenenden sind immer mehrere

Wochen Zeit, damit Du das Erlebte seelisch verarbeiten und integrieren kannst und damit Dir genügend Zeit zur Vorbereitung bleibt. Untergebracht bist Du in einfachen Unterkünften in engem Kontakt mit den anderen Männern, mit der Natur und dem Wetter. Eingekauft und gekocht wird ebenfalls von den Männern. Dieses einfache Miteinander spart Kosten und erzeugt in kürzester Zeit einen sehr schönen und intensiven Kontakt.

Das Liebhaberwochenende

Beim Liebhaber betrachtest Du inhaltlich Deine frühe Bindung zur Mutter. Deine Sinnlichkeit und Körperlichkeit ist stark geprägt davon, welchen Kontakt Deine Mutter mit Dir pflegte, als Du ein Baby und Kleinkind warst. Stillte sie Dich, war sie innerlich und äußerlich präsent und liebevoll, dann hast Du vermutlich einen guten Bezug zu Deinem Körper und kannst in Deinen Beziehungen eine fruchtbare Nähe leben, die auch klare Grenzen zulässt. Da diese Lebensphase bei vielen nicht ohne Wunden, Traumata und Verletzungen ablief, werden sie angesehen und bearbeitet. Die zentrale Methode an diesem und den folgenden drei Wochenenden ist das Ritual der Schwitzhütte. Ansonsten gibt es viele Übungen, die dem kleinen Jungen in Dir Spaß, Freude und Lust bereiten.

Das Magierwochenende

Viele Männer definieren sich als Macher. Solange Du etwas machen kannst, scheinst Du die Fäden in der Hand zu halten und fühlst Dich damit sicher. Sobald dies jedoch nicht geht, wird es schwierig. Wenn Du schon einmal bei einer Geburt dabei warst, weißt Du wovon ich spreche. Die eigene Frau bei einer Geburt zu begleiten, heißt da zu sein, ohne etwas aktiv machen zu können. Eine wirklich schwierige Übung für die meisten Männer. Am Magierwochenende

Die Visionssuche befreit zu tief empfundenen Gefühlen.
Auch nach Jahren kann dieser Zustand erinnert und kreativ in den Alltag eingebracht werden.

wirst Du mit diesem Aspekt des Lebens konfrontiert mit dem Ziel vom Machen zum Sein zu kommen. Ungelöste Themen der Jugendzeit spielen dabei eine wesentliche Rolle.

Das Königswochenende

Ein Mann mit echten Königsqualitäten ist auch ein guter Vater. Der Königsarchetyp ist daher eng verknüpft mit der eigenen Beziehung zum Vater. War der eigene Vater eher ein Tyrann, der sämtliche Bestrebungen Deinerseits, in Deine Größe und Kraft hineinzuwachsen, unterdrücken musste, so hatte das sicher Auswirkungen auf Dein Selbstvertrauen und Dein Selbstverständnis als Mann. Genauso verhält es sich, nur mit anderen Vorzeichen, wenn Dein Vater eher zum Gegenpol des Schattenkönigs tendierte. Ein Schwächling, der selten den Mumm aufbrachte seine eigene Meinung zu vertreten und notwendige Grenzen zu setzen. Auch ein abwesender Vater hinterlässt Spuren bei der Entwicklung Deines Königsarchetyps.

An diesem Wochenende wird Deiner Vaterbeziehung auf den Zahn gefühlt und eine neue Spur zu Deinem Königsarchetyp gelegt.

Das Kriegerwochenende

Das Kriegerwochenende konfrontiert Dich mit den Themen Gewalt, Aggression und Wut.

Es bietet Dir die Gelegenheit, die eigene Kraft und Entschlossenheit kennenzulernen und zu spüren. Darüber hinaus kannst Du lernen, wie Du die männliche Urkraft, die in Dir wirkt, konstruktiv lenken und kanalisieren kannst. Mut, Disziplin, Klarheit, Leidenschaft und Wille sind Schlüsselbegriffe, die Du in der Begegnung mit Deinem Krieger und den Kriegern der anderen Männer am eigenen Leib erfahren und erleben wirst.

Vorbereitung auf die Visionssuche

Das letzte Wochenende ist zur Vorbereitung auf die Visionssuche da. Wie schon erwähnt ist die Visionssuche die eigentliche Initiation. Alle bisherigen Treffen hatten den Zweck, Dich innerlich zu klären und auf die Visionssuche auszurichten. Dieses Wochenende dient der äußeren Vorbereitung und gibt Antwort auf organisatorische und inhaltliche Fragen. Außerdem vertieft es den Liebhaber mit dem Blick auf das männliche Tabuthema Sexualität (Liebhaber II).

Die Visionssuche

Die Visionssuche repräsentiert den Höhepunkt des Manngeburtzyklus. Neun Monate Vorbereitungsphase gipfeln in der Visionssuche. Sie findet in möglichst unberührter Natur statt. Vor Ort (bisher Toskana) gibt es noch einmal zweieinhalb Tage Vorbereitung für die Auszeit.

Auszeit bedeutet, dass Du vier Tage und vier Nächte allein, fastend auf einem selbst gewählten Platz in der Wildnis verbringst. Im Gepäck hast Du Deinen Bestimmungssatz, der sich aus den neun Monaten Vorbereitungszeit herausdestilliert hat. Beispiele für Bestimmungssätze sind: »Ich gehe kraftvoll meinen Weg!«, »Ich öffne mein Herz!«, »Ich feiere mein Leben!«, »Ich bin gut.« Diese Sätze klingen sehr einfach und gerade in ihrer Einfachheit liegt ihre Tiefe und ihre Kraft. Alles Komplizierte, oftmals eher schwächend Verschnörkelte wird auf dem Weg der neunmonatigen Reinigung und Klärung zurückgelassen und das Wesentliche, Essenzielle kann seine Kraft entfalten. Dieser Bestimmungssatz begleitet Dich während der vier Tage und Nächte und bildet die Triebkraft, dass das, was aus Dir geboren werden möchte, geboren wird. Wie in jeder Geburt geschieht dies unter Wehen und Geburtsschmerzen. Aber es sind Schmerzen der Heilung, der Wandlung und der Transformation. In der Auszeit setzt Du tief in Deinem Innersten einen Samen für einen neuen Weg, eine neue Richtung, die viel mehr mit Dir als Mensch und als Mann zu tun hat, als alles, was Du vorher gelebt hast. Dieses Neue ist von wirklicher Substanz und unverrückbar. Bis es allerdings ganz in deinem Leben angekommen ist, braucht es die Integrationsphase zurück im Basislager und mindestens ein ganzes Jahr. Manchmal kann es je nach Tiefe der Erfahrung mehrere Jahre dauern, bis die Erkenntnis der Auszeit ganz in Deiner Lebenswirklichkeit angekommen ist. Verloren kann sie jedoch nicht mehr gehen. Vielleicht wird sie im Trubel des Alltags wieder verschüttet und es fühlt sich so an, als wäre alles wie vor der Visionssuche. Aber sobald Du Kontakt und Fühlung zu der Zeit »draußen« aufnimmst, bist Du wieder verbunden und hast Zugang zu der neu gewonnenen Kraft. Ein Hilfsmittel, den Kontakt herzustellen, kann der sogenannte Medizinname sein. Er wird in der Integrationsphase nach der Auszeit im

Basislager mithilfe der anderen Teilnehmer gefunden. Beispiele solcher Medizinnamen sind: »Singendes Herz«, »Feuerfeder«, »Krieger der Liebe«, »Röhrender Hirsch«, »Kraftwurzel«, »Erdkönig«. Der Medizinname birgt die Essenz Deiner Erfahrung in sich und kann wie ein homöopathisches Globuli verwendet werden. Wer die Medizin nimmt, bei dem wirkt sie auch. Schließlich ist sie eine ganz spezielle Medizin, eine von Dir, Kraft Deines neunmonatigen Prozesses selbst entwickelte. Es gibt keine Zweite auf diesem Erdball, die identisch wäre. Konkret bedeutet das, dass Du zum ersten Mal in Deinem Leben, in einer bestimmten, bisher von Mustern vorgeprägten Lebenssituation, die Wahl hast. Zum ersten Mal ist es Dir möglich, eine andere Richtung einzuschlagen als die konditioniert angelernte. Wenn es Dir gelingt, in so einem Moment innezuhalten und Dir Deinen Medizinnamen zu vergegenwärtigen, kannst Du wählen, wo Du zuvor keine Wahl hattest. Der Gehirnforscher würde sagen, Du hast eine neue Synapsenverbindung im Gehirn geschaffen, die Du nun tatsächlich verwenden kannst.

Das Nachbereitungstreffen

Ungefähr drei Monate nach der Visionssuche beginnt die Phase, die sich so anfühlen kann, als wäre alles, was dort erlebt wurde, nur ein Traum gewesen. Der Alltag schiebt sich wieder in den Vordergrund und lässt das Eigentliche verblassen. Das Nachbereitungstreffen nach drei Monaten dient der Wiederanbindung an die Erfahrung der Visionssuche. Ein Jahr nach der Visionssuche findet noch einmal ein Treffen statt. Hier geht es darum, dass Du den rituellen Kreis der Visionssuche, den Du vor einem Jahr geöffnet hast, wieder schließt. Kurz vor diesem Treffen zeigen sich vielleicht noch einmal alle alten Muster vehement in Dir, nur um sich dann beim Schließen des Kreises endgültig zu verabschieden. Dafür begibst Du Dich hinaus in die Natur, vielleicht fährst Du sogar zu »Deinem« Platz, an dem Du die Auszeit verbracht hast. Dieses Abschließen ist wesentlich und öffnet den Raum für neue Schritte in Deinem Leben. Der Jahresabschluss bedeutet auch Erntezeit. Du erzählst vom vergangenen Jahr und bekommst Feedbacks von Deinen Kollegen. Durch das Spiegeln wird vielen erst bewusst, welch enorme Schritte im letzten Jahr passiert sind.

Das Manngeburt-Tattoo

Nie im Leben hätte ich mir vorstellen können, mir selbst ein Tattoo stechen zu lassen. Zum einen gefallen mir Tattoos an den wenigsten Menschen und zum anderen sehe ich mich selbst nicht als »Tattoo-Typ«. Als ich jedoch einer Bekannten von der Manngeburt erzählte, war sie einerseits begeistert, fand aber andererseits, dass zu einer Initiation in diesem Ausmaß auch ein äußeres Zeichen dazugehöre, wie das in allen traditionellen Initiationsriten der Fall ist. Da werden Zähne ausgeschlagen, Schnittwunden zugefügt und es wird eben auch tätowiert. Ihren Einwand fand ich zwar spannend, aber nicht passend für unsere Zivilisation. Dennoch ließ mich das Tattoothema von da ab nicht mehr los. Eines Tages in der Meditation wurde mir das Manngeburt-Tattoo gezeigt. Von diesem Moment an gab es kein Zurück mehr. Ich stellte es den teilnehmenden Männern frei, sich dieses Tattoo stechen zu lassen. Mit den tattoofreudigen Männern der ersten Gruppe traf ich mich zu einem gemeinsamen Termin, an dem wir uns tätowieren ließen. Wieder einmal durfte ich am eigenen Leib erfahren, was es bedeutet, über eine innere Grenze zu gehen. Bei jedem der Männer wurde vor dem Stechen noch mal das alte Thema aktiviert, mit dem er einst in die Manngeburt ging. Es wurden unbewusst Körperstellen ausgewählt, die eng verknüpft waren mit dem jeweiligen Thema des Mannes. Entsprechend euphorisch gefühlsbetont war der Mailaustausch nach dem Tätowieren. Hier zwei Beispiele:

»Ich war immer sicher, dass es für mich richtig ist, eine Verletzung am Bein zu haben. Ich muss aus verschiedenen Gründen langsamer tun. Mein Tattoo am Bein sieht wie ein Ventil aus: Luft raus lassen. Durch die Boden-Nähe kann es auch als Einlass-Ventil fungieren: Gefühle über diese Einlassstelle rein – die direkte Verbindung zum Herzen hab ich ja schon gespürt. Bodennähe erinnert auch an Bodenhaftung. Erdung ist angesagt – Langsamkeit. Nicht mehr Überfliegen – diese Luft ist raus. Platz für emotionale Höhenflüge.«

»Liebe Männer, hier schicke ich Euch einen Kurz-Traum aus meiner ersten Nacht mit der ›Verletzung‹. Als ich aufwachte – so im Halbschlaf – fiel mir meine Tätowierung ein. Ich bekam einen scharfen heftigen Stich ins Herz und schlief wieder ein. Mich hat das so tief berührt, dass ich Euch das senden muss. Es war für mich absolut die richtige Entscheidung, dieses Zeichen auf dem Körper, diese Verletzung, und sie mit ganz vielen meiner liebsten Männer gemeinsam zu erhalten. Ich danke Euch und kann jeden noch Unentschlossenen nur dazu ermutigen.«

Für mich ist das Tattoo heute mehr als nur ein körperliches Bild. Es anzuschauen und zu berühren, bringt mich mit einem Teil meiner Seele in Kontakt, zu dem ich selten Zugang finde. Es zeigt sich, dass allerdings fast ein Jahr vergeht, bis die Männer bereit sind für das Tattoo. Ich organisiere das auch nicht. Ich setze nur den Impuls nach der Visionssuche und bisher haben immer einige Männer der jeweiligen Gruppe die Initiative ergriffen und einen Termin für alle Interessierten vereinbart. Bei diesem Termin treffen sich dann auch Männer aus verschiedenen Gruppen zum ersten Mal.

ERFAHRUNGSBERICHTE

»NATÜRLICH DARFST DU EIN MANN WERDEN«

**Natürlich darfst du ein Mann werden,
natürlich darfst du ein Krieger werden,
nur dann kannst du wirklich lieben.**

Diese Worte hatte etwa fünf Jahre zuvor ein schwäbischer Schamanismus-Lehrer bei einem Ritual zu mir gesagt. Das war der erste Anstoß für meine Suche. Ich (Architekt, 39 Jahre) hatte durch meine neue Freundin festgestellt, dass ich bei Weitem nicht so bin, wie ich es mir vorgemacht hatte. Vor allem kamen diese seelischen Schmerzen, weil ich keine derart freie, wilde Kindheit und Jugend hatte wie sie. So musste ich dringend etwas für mich tun, um diese Schmerzen abzubauen; der Schmerz, kein Mann zu sein und als Kind kein wildes, freies Leben gelebt zu haben, stattdessen ein Muttersöhnchen gewesen zu sein. Mein beinahe lebenslanger Selbsthass wurde überdeutlich spürbar. Ein weiterer Grund war, dass ich mit meiner Arbeitsstelle sehr unzufrieden geworden war, aber nicht den Mut zu etwas Neuem fand. Die Sehnsucht, Mann zu sein, wurde größer als alles andere. Ich wollte meine Seele zurück, die ich in meiner Jung-Mann-Zeit in dauerhaften Angstzuständen verloren hatte.

Auch durch meine Freundin wurde mir deutlich, dass ich kein Mann war, dass mir die männliche Grundlage fehlte, um mit einer Frau zusammensein zu können. Mir war klar, dass der Kontakt zu Männern essenziell ist, um dies entwickeln zu können. Ich hatte mich über Bücher mit dem Thema Initiation auseinandergesetzt und wusste und spürte, dass dies eine Chance für mich ist. Nur, bei wem sollte ich diese Initiation machen? Es gab niemanden, mit dem und dessen Angebot ich zufrieden war. An einem Novemberabend. kam eine Mail von Stefan Wolff, in der er seinen Flyer zur Manngeburt vorstellte. Sofort war klar: DAS IST ES!

Am nächsten Tag hatte ich das Gefühl, als ob eine sehr große Halle um mich herum wäre, in der ich geschützt und gehalten bin und doch frei und beweglich. Eine Halle, die mir Orientierung gibt. Das war die Manngeburt.

Der wilde Mann

Vor dem ersten Wochenende im Februar mit dem Titel »Der wilde Mann« hatte ich etwas Angst. So viele Männer! Doch ich war lebenslang auf der Suche nach meinem Wilden Mann und freute mich zutiefst, in die Haut meines Wilden Mannes zu schlüpfen, den ich sehr liebe. Selbst in der Berufswahl hatte und habe ich nach Berufen gesucht, in denen ich meine Wildheit leben könnte. Ich hatte in Gärtnereien, Landschaftsgärtnereien, auf Baustellen und in Werkstätten gearbeitet. Büros verabscheute ich. Auf der Fahrt am Samstagmorgen zum Seminar durch die neblige Landschaft hatte ich wieder einmal das beglückende Kindergefühl, mit meinem Vater im Auto zu sitzen und zum Wandern zu fahren. Na, dann kann es ja nur gut werden, dachte ich. In diesem ersten Seminar war ich sehr in mich gekehrt und versuchte, meine dicke, unzugängliche Schale zu bewahren. Als ich unseren 15 Jahre jungen Assistenten kennen lernte, war ich sehr beschämt. Ich war 39!

Einer der Teilnehmer fing beim Erzählen in der Runde zu weinen an. Und das im ersten Seminar! Ich hatte mich auf das Männerseminar auch deshalb gefreut, weil in einem früheren Schwitzhütten-Seminar fast alle Teilnehmerinnen (Frauen) viel geweint hatten und ich auf Heulsusen keine Lust hatte. Während des Seminars habe ich auch wildere Seiten aus meiner Kindheit wieder entdeckt und erlebt. War noch nicht alles verloren? Die Krokodiler-Bande und Huck Finn kamen mir wieder in den Sinn. Ebenso auch der atmosphärische Missbrauch meiner Mutter an mir, mit dem sie mich jahrelang zu ihrem Schoßhund machte und mir Ekel vor mir selbst und meiner eigenen Schönheit machte. An diesem Wochenende konnte ich ihr im Seminar Grenzen setzen.

Das Schönste war, in die Haut des wilden Mannes zu schlüpfen und dann mit der gesamten Gruppe von 15 Männern wild zu rangeln und tanzen! Allen von uns war das ein ganz tiefes Urbedürfnis. Gott sei Dank hatte ich bereits durch frühere Körperarbeits-Seminare meine Angst vor männlicher Berührung abgelegt. Es war wunderbar, sich zu halten, sich anzurempeln und anzuspringen und wild zu tanzen bis zur Erschöpfung. Der wilde Mann.

Zuletzt hatte ich so was wohl noch im Kindergarten getan.

Nach dem Wochenende hatte ich das Gefühl von großer Liebe zu allem, ausgelöst durch 14 andere Männer und keiner einzigen Frau. Das war neu. Ich wusste: Von hier aus geht's weiter!

Es ist interessant, wenn man nach zwei bis drei Tagen Männergesellschaft wieder eine schöne Frau zu Gesicht bekommt. Es war das gleiche Gefühl wie früher, als ich am Abend von der Baustelle kam. Die Anziehungskraft war beinahe unwiderstehlich.

Tagebucheintragung vom 2.3.2007 nach einer Einzelstunde bei Stefan:

»Wenn ich klar bin, kann meine Freundin weich werden. Mann wird man unter Männern. Mann sein tut man mit einer Frau (das Gelernte anwenden). Es geht darum, mich zu spüren und wahrhaftig zu sein.«

Süden: Der Liebhaber

In diesem Seminar ging es vor allem um die Kindheit und den Körper. Ich liebe es zu kämpfen, wenn es nicht um ernste Streitigkeiten geht. Ich sollte gegen denjenigen aus der Gruppe beim Ringen antreten, mit dem ich auch am liebsten gekämpft hätte. Er war der Männlichste von uns, das Alphatier. Durch sein Selbstbewusstsein und seine Muskeln war er jedoch für mein Gefühl unschlagbar. Und diese sich selbst erfüllende Prophezeiung wurde dann auch Realität. Ich unterlag, weil ich einfach weiß, dass das Alphatier immer gewinnt. Ich war betrübt, da ich mich sehr an meine Kindheit erinnerte, in der ich meist der Unterlegene war. Oft wohl auch deswegen, weil ich nicht zu gewinnen wagte.

Ich fühlte mich plötzlich fehl am Platz unter so vielen Männern, nicht zugehörig. Ich bin kein Mann, kam es mir wieder hoch. Das alte, lebenslange Lied. Zudem machten mir diese langweiligen Talking-Stick-Runden zu schaffen, in denen viele endlos und endlos erzählten, anstatt das in einer Therapie-Einzelstunde zu machen. Ich wäre oft gern anderswo gewesen. Doch während des Einschlafens nach der Schwitzhütte hatte ich eines der seltenen Bilder meines »parallelen Ichs«, ein Ich, das stark, frei, erwachsen, liebevoll ist und voll im Saft. So, wie ich immer sein will, der, der ich bin. Der Göttliche. Der, der immer neben mir steht und eigentlich DER EIGENTLICHE ist, den ich aber äußerst selten wahrnehme. Immerhin sah ich ihn wieder.

Bei der Naturaufgabe anderntags brachte ich das Wort »Zuversicht« mit von draußen. Es war Anfang März, und ich hatte gerade wieder mehr Kontakt zu meiner Freundin aufgenommen, von der ich mich seit einem Jahr zu trennen versuchte. Vor allem brauchte ich Zuversicht, nicht wieder weich, grenzenlos, gefühllos und aufgelöst zu werden, wenn ich mit ihr Kontakt hatte.

Westen: Der Magier

Hör auf die Stille
Sie lauscht – Dir!

Die Nachtwanderung Anfang April, nachdem wir rituell das Bild unserer tiefsten Niederlage verbrannt hatten, war magisch. Ich bin früher oft allein nachts herumgewandert im Wald und auf den Wiesen. Als ich nun einen blühenden Zweig mitbrachte, um den anderen mitzuteilen, dass man bei all dem »Westen« (Der Westen steht im *Medizinrad* unter anderem für Dunkelheit, Stagnation etc., Anmerkung d. Verfassers) mit seiner Negation nicht die blühenden Bäume vergessen darf, meinte Stefan, dass ich als West-Experte (in meinen Worten: als Depressiver) Fruchtbarkeit mitbringe, sei etwas Besonderes. Somit wäre die Initiation geschafft, und ich könnte weiter in den Norden gehen zum Erwachsenen. Die dazu von Stefan vorausgesagte Öffnung der beruflichen und privaten Türen findet jetzt gerade – ein Jahr danach – statt. Zeitweise hatte ich das Gefühl, hinter einer Wand hervorgekommen und seit langer Zeit wieder auf der Erde zu sein: ein Mensch unter Menschen.

Im Mai meinte mein Vater, er könne sich vorstellen, dass ich mich beruflich selbstständig mache. Gerade er sagte so etwas, der als pensionierter Beamter meine sichere Arbeitsstelle hoch schätzte und mich bei Klagen über meine Amtsarbeit immer darauf hinwies, dass man in jeder Arbeitsstelle Zustände in Kauf nehmen muss, die man nicht mag. Mein Leben hatte sich somit bereits erfüllt. Mein Vater, der ohne Vater aufgewachsen war und mich, bis ich von zu Hause endgültig auszog, zutiefst hasste, gab mir solchen Rückhalt und solch einen Vertrauensbeweis!

Norden: Der König

An Eindrücken sind mir bei diesem Seminar fast nur Aussagen von Stefan und Gespräche geblieben, die ich hier aus meinem Tagebuch zitieren möchte.

»Der König handelt nicht nach dem, was er will, sondern nach dem, was das kosmische Gesetz will. Er darf sich das kosmische Gesetz aber nicht zurechtbiegen nach seinen Wünschen.« Für mich stellt sich die Frage, wie ich das Gesetz wahrnehme.

»Der König spürt sofort, was er will, so, wie ich es als Zweijähriger noch gespürt hatte.« Wichtigstes Ziel in meinem Leben ist es, mich und meine Bedürfnisse wieder zu spüren.

»Die Aufmerksamkeit bestimmt die Realität. Wohin ich meine Aufmerksamkeit richte, fließt die Energie. Gedanken formen die Realität. Wenn ich meine Frau als Monster sehe, wird sie mit der Zeit auch dazu.«

»Du kannst dich endlos optimieren, an dir feilen, dich zurechtschleifen. Irgendwann bist du tot, du wirst nie fertig. Stattdessen musst du lernen dich zu lieben und dir selbst zu verzeihen. Das ist das Schwerste.«

Osten: Der Krieger

Schon die Vorbereitung zu diesem Seminar war für mich toll. Wir sollten unsere Waffen mitbringen. Dazu gehört für mich auch ein Zimmererhammer. Wenn ich mit dem Hammer am Gürtel abends von der Baustelle kam, hatte ich oft das Gefühl, es mit drei Skinheads aufnehmen zu können. Ich stellte mir vor, das spitze Ende meines Hammers in deren blanke Schädel zu schlagen, jauchzend vor Glück. Ich hätte gern mal einen ethisch oder moralisch »berechtigten« Mord ausgeübt. Bei der Vorstellung der Waffen hatte ich bekannt, dass ich eine Affinität zu Nazis habe. Bis ich zehn war, fand ich den deutschen Faschismus und Hitler faszinierend. Zum Kriegerdasein gehört nach Stefan Disziplin und die Schulung des Geistes. Er legte uns Meditation nahe. In mein Tagebuch hatte ich notiert:

»Springen. Wenn die jetzige Situation dir nicht mehr angemessen ist und dich wieder klein macht, dann hilft ›Gott‹ mit, wenn du springst.

Wille einsetzen, um Neues zu halten (Meditation), um Geist zu schulen; Disziplin ist Treue zu mir selbst; geistige Disziplin, um dem süßen Schlaf der Depression nicht nachzugeben.«

»Man kann sich anderen Leuten gegenüber öffnen, wenn man sich schützen und sie gegebenenfalls wieder hinauswerfen kann.«

»Schmerz akzeptieren, den Schmerz zulassen; ihn nicht wegdrücken, nicht darin baden. Reingehen; reiten auf dem Schmerz.«

Das Kriegerseminar war für mich mit das Beste, was ich je erlebt habe. Ich würde es gern jede Woche wiederholen. Ich wusste nicht, dass ich solche Lust zu kämpfen hatte. Ich war nicht zu bremsen. Bereits beim ersten Kampf am Morgen hatte ich mir den Arm verrenkt. Egal. Ich wollte weitere Runden mitmachen. Beim Boxen am Nachmittag hatte ich zum Schluss nur noch mit einer Hand geboxt, da der andere Arm vor Schmerz nicht zu gebrauchen war. Ich fühlte mich in meinem Element wie noch nie. Die Kämpfe waren freiwillig und ernsthaft gefährlich. Jedoch nicht gefährlicher als Autofahren. Wenn ich da nur eine Sekunde wegschaue oder nur eine falsche Bewegung mit dem Lenkrad mache, bringe ich mich und andere Menschen um.

Dass ein reales Risiko dabei war, sich tatsächlich zu verletzen und man für seine Unversehrtheit selbst verantwortlich blieb, war für mich das Überzeugende an den Kämpfen. Wir waren alle glückselig am Ende dieses Wochenendes.

Das Verhältnis zu meinem Vater verbesserte sich weiter. Wenn ich jetzt bei meinen Eltern anrief, beendete meine Mutter nach zwei

Minuten das Gespräch und gab mir meinen Vater, mit dem ich dann noch eine Viertelstunde über alles Mögliche sprach. Früher war es genau anders herum. Gleich nach dem Seminar wollte ich Stefans Ratschlag zu meditieren in die Tat umsetzen. Ich begann Anfang September mit der Meditation. Die Auswirkungen waren nach einiger Zeit eher an meinem Zustand abzulesen, wenn ich nicht meditierte. Dann war ich tagsüber unruhig und aggressiv.

Liebhaber II / Sexualität

Wir sollten ein Ritual in der Natur selbst gestalten, indem wir uns erst unsere sexuellen Verletzungen seit der Kindheit bewusst machen und dann ein Heilungsritual auf Mutter Erde durchführen sollten. Die Frage dazu war: Wie gehe ich mit meinem Körper um?

Meine sexuellen Verletzungen kannte ich bereits. Einige sind noch heute spürbar. Ich habe einmal gelesen, ein Mensch wird pervers, wenn er als Kind in seiner Persönlichkeit nicht geachtet wird. Und wenn Du mit sechzehn immer noch nicht das Recht hast, Dich im Bad einzuschließen und allein zu sein, und Deine Mutter hereinkommt, oder wenn Deine Mutter nackt durch die Wohnung läuft, ist das »atmosphärischer« Missbrauch. Der wirkt sich angeblich genauso aus wie ein tatsächlich vollzogener.

Genug Stoff hatte ich also. Entsprechend groß war wieder einmal meine Wut auf meine Mutter. Dieses Gefühl hatte ich dann auch in dem Heilungsritual, das ich auf einer Wiese uneinsehbar zwischen zwei Maisfeldern durchführte, herausgelassen. Als ich nackt um meine niedergemetzelte, zerstückelte Mutter im Kreis tanzte, sang ich: »Du fasst mich nicht mehr an, Du kommst an mich nicht ran.«

Danach hatte ich mich im Ritual vor meinem Vater verneigt und mich ihm nackt präsentiert, weil ich meine Männlichkeit vor ihm nicht mehr verstecken wollte. Mann zu sein – das heißt, sich selbst und sein Geschlecht, das göttlich ist, zu lieben – war in unserer Familie ein Verbrechen. Erst jetzt konnte ich mich meiner Frau und generell der Weiblichkeit präsentieren, die im Ritual durch eine besonders schöne Maisstaude dargestellt wurde.

Auf dem Weg zurück merkte ich, dass der Geist meiner Mutter mich verfolgte, und ich schlug wieder auf ihn ein. Da erkannte ich: Der Dämon wird mich nicht mehr besiegen. Ich besiege ihn aber auch nicht. Zum Schluss habe ich noch meinen Vater und meine männlichen Ahnen hinter mich gestellt, um mich zu stärken.

Visionssuche

Die Vorbereitung dazu war wieder mit Angst verbunden. Ich kannte die Angst, die mich beim Packen überfiel, schon von einer früheren *Quest,* aber diesmal kam sie eher daher, dass ich wusste, es wird einem nicht das begegnen, vor dem man im Vorfeld Angst hat (schießende Jäger, Vipernbisse, eventuell angreifende Wildsau), sondern etwas ganz anderes. Und ich hatte das Gefühl, in jeder Hinsicht nicht genügend vorbereitet zu sein. Man macht schließlich auch nicht nach einem Jahr gleich noch mal eine *Quest!* Ich fühlte mich wie damals als Kind, wenn ich ins Krankenhaus musste.

Als ich am Seminarort ankam, ließ ich erst einmal im Wald meine angestaute Wut heraus. An der Angst beim Packen, beim letzten Wohnungputzen und beim letzten Telefonat mit meiner Freundin gab ich wieder einmal meiner Mutter die Schuld.

»Ich will ich selber sein. Ich will meine Seele zurück.« Diese eigentliche Motivation für die *Quest* hatte ich erst nach der Ankunft auf dem Seminarhof, auf dem wir untergebracht waren, entdeckt. Tagebucheintrag: »Stefan: Wenn man seiner Intuition traut, braucht es keine äußeren Regeln mehr.«

Ich erzählte während der Vorbereitungsphase als Letzter von meiner Medizinwanderung. Als ich an die Stelle kam, an der ich von einem kleinen Kind erzählte, dessen Eltern auf es warteten, als es nach ihnen rief, begann ich Rotz und Wasser zu heulen wie noch nie. Meine Eltern waren nie auf meine Bedürfnisse eingegangen. Darum berührten mich diese fürsorglichen Eltern so sehr. Meine Verletzlichkeit, Weichheit, Schwäche, Hilflosigkeit, *sie* zu spüren, zuzulassen und zu schützen, *das* macht einen zum Mann. Eine Löwenmama, die ihr Kind schützt und verteidigt – das habe ich nie erlebt. Da ist meine Seele verloren gegangen und da ist sie auch wieder zu finden.

Auszeit

Erster Tag draußen

Am Dienstagmorgen vor Sonnenaufgang verließen wir bei Regen unser sicheres Haus. Der Zielsatz, mit dem ich hinausging, war: »Ich liebe mich.«

»Großmutter Erde, Großvater Himmel, helft diesem Mann, seine Liebe zu sich selbst zu finden und seine Liebe nach außen in die Welt zu tragen.« Mit diesen Worten wurde ich von Stefan verabschiedet. Ich hatte tags zuvor keinen guten Platz für mein Lager gefunden. Der einzig anziehende Ort war ein Steinhaus mit Garten in zwanzig Minuten Entfernung, mit rauchendem Kamin und klassischer Musik, die aus dem offenen Fenster kam. Ich hatte das Gefühl, dass eine Frau hier zuhause ist. Aber nahe an einem fremden Haus kann man kein Lager aufschlagen. So hatte ich einen Flecken zwischen Bäumen unterhalb einer Ruine nahe am Basislager besetzt, keine fünf Minuten Fußmarsch von diesem Haus entfernt. Als ich am Vormittag, nachdem ich meine Plane aufgebaut hatte, im Regen gelangweilt zwischen den Ruinen stand, sah ich plötzlich mich selbst als Zweijährigen mit ausgebreiteten Armen freudestrahlend auf mich zulaufen. Ich habe mich dann als kleines, vor Liebe überfließendes Kind selbst in die Arme genommen.

»Wenn ich mich liebe, dann leuchtet die Welt (in meine Augen). Ich leuchte dann sicher auch (aus meinen Augen).« Dies hatte ich bereits als Kernerlebnis während der Wachnacht auf meiner ersten *Quest* ein Jahr zuvor erfahren. Am Nachmittag kamen zwei Frauen mit schweren Rucksäcken den schmalen Pfad vom tags zuvor entdeckten Steinhaus her. Sie sprachen Schweizer Dialekt. Viel Trauer und Einsamkeit stieg in mir hoch, während ich in der verregneten Gegend herumstand. Wenn ich unter meiner Plane saß, die zu meiner Verwunderung so klein war, dass ich noch nicht mal aufrecht sitzen konnte, war es noch schlimmer. Ich fühlte mich wieder wie als Kind in der Wohnung allein eingesperrt. Ich spürte sehr, wie groß nach wenigen Stunden bereits die Sehnsucht nach Menschen war. Dieses lebenslange endlose Alleinsein!

Ich habe auch wieder mehr Verständnis für meine Eltern entdeckt, die beide als Halbwaisen offensichtlich diese Einsamkeit auch erlebt haben. Und ich habe mir vorgenommen, freundlicher zu ihnen zu sein, wenn ich sie wieder sehe. Ich wollte mich selbst, den kleinen, verletzten Verängstigten nicht mehr wegsperren, wie ich es lebenslang getan hatte und wie ich es besonders durch meinen Vater gelernt hatte. Nur mit dem weichen Kind an meiner Seite kann ich mit einer Frau sein, ohne sie ebenfalls ständig verletzen und zurückweisen zu müssen. Am ersten Abend lief unter der viel zu kleinen Plane langsam das Wasser herein. Es war so eng, dass mein Schlafsack in einer Pfütze lag und meine nassen Schuhe und der Rucksack keinen Platz mehr unter der Plane fanden. Es regnete immer noch. Dann packte mich die Wut. Mein Zielsatz war: Ich liebe mich. Warum sollte ich mir das also antun?

Wutentbrannt packte ich meine Sachen und marschierte schlechten Gewissens durch den Regen zum Seminarhaus, wo ich in meinem Zimmer meine Sachen zum Trocknen ausbreitete. War ich ein Versager, ein Weichei? Die Nacht verbrachte ich dann regengeschützt auf einer kurzen Bank unter einem Vordach am Seminarhaus.

Zweiter Tag draußen

Am nächsten Morgen lieh mir ein ebenfalls wieder zurückgekommener, schon erfahrener Mit-Quester, eine Plane von sich. Mit der wollte ich einen neuen Anfang nahe bei dem Steinhaus machen. Doch auch hier bekam ich mit Einbruch der Dunkelheit solche schlimmen Einsamkeitsgefühle, dass ich einfach keine Lust mehr hatte. Ich ging durch den dunklen Wald zurück. Die Nacht verbrachte ich dann wieder auf der Bank, diesmal mit einer zusätzlichen Decke unter mir. Ich fühlte mich wieder wohl. Ich liebe mich.

In der Nacht wachte ich auf, wanderte durch den dunklen Wald und stand auf den Wiesen, wie ich es früher so oft getan hatte. Wolken zogen schnell über den Mond hinweg. Ich dachte an meinen Vater. Ich fühlte mich seltsam ganz, auf eine sehr hohe Art. Ich musste sehr herzzerreißend und lange weinen, besonders wenn ich auf den Mond mit den vorbeiziehenden Wolken schaute. Etwas war da in dieser Nacht. Etwas wurde ganz, und es kam noch mehr hinzu.

Dritter Tag draußen

Am Morgen erwachte ich mit dem Gefühl, dass ich mit meinem Vater am sonnigen Samstagmorgen im Frühling beim Frühstück sitzen würde. Ich freute mich darauf, ihn wieder zu sehen. Tagsüber hatte ich mit einem Mal den Gedanken: Mein Vater ist mein König!

Tagebucheintrag: »Bin ich ein schlechter Mann, wenn ich nachts drin schlafe? Werde ich nicht initiiert? Muss ich übermenschliche Kraft aufbringen, um meine Angst niederzuknüppeln und damit meine Seele? Was ist Initiation? Ich suche meine Seele wieder, also werde ich nichts tun, was ihr schadet! Die Stimme meines Vaters, die mir verbietet, weich zu sein und nach mir zu hören.«

Während der drei Tage der *Quest* draußen weinte ich sehr viel aus

Mitgefühl mit mir. Und bald waren alle Taschentücher aufgebraucht. Am dritten Tag hatte ich wieder eine solche Wut auf meine Mutter, weil ich das Gefühl hatte, dass sie nach wie vor in mir sitzt und mich hemmt und zerfrisst und zerstört. Ich schlug wie ein Irrer auf einen Baum ein.

Und dann wurde die Trauer unendlich schwer. Ich saß am Hang und spürte plötzlich die frühere, altbekannte Angst hochsteigen. Doch mit dem ersten Anflug dieser Angst hörte ich innerlich laut schallend den langgezogenen Todesschrei eines Säuglings, der bedeutete: Ich will zur Mama!

Nach 25 Jahren hatte ich plötzlich die Bedeutung meiner Angstzustände verstanden, die mich damals aus meinem normalen Leben in eine Art Vorhölle katapultiert hatten und nach deren Ursache ich so lange Zeit suchte und die Antwort nie wirklich fand. Den Auslöser kannte ich zwar schon immer, aber er wurde mir exakt in dem Moment klar, als ich merkte, dass ich erwachsen werden muss und mich aus der Symbiose mit meiner Mutter zu lösen versucht hatte. Seit dem ersten Auftreten der Angstzustände vor vielen Jahren war nichts mehr wirklich gut. Die Hölle ließ sich nicht mehr wegdenken. Ich hatte mich durch die für mich unerklärbaren Angstzustände im Bereich des Wahnsinns erlebt und wusste seitdem, dass es das Schlimme tatsächlich gibt und dass es in mein Leben eingedrungen war. Ich lief weinend durch die Gegend, wimmernd wie ein Zweijähriger: Ich will zur Mama! Ich saß am Steinhaus. Keine Linderung. Ich ging in den Garten des Hauses. Keine Linderung. Ich umarmte einen dicken Baum mit der Vorstellung, meine Mutter hält mich als Säugling im Arm. Keine Linderung. Ich zeichnete die schönen goldgelben Bäume im Garten in mein Tagebuch. Keine Linderung. Mama. Ich will zur Mama. Mein Herz öffnete sich und die Trauer wurde unerträglich. Ich konnte nicht mehr.

Die Entscheidung

Ich wusste plötzlich: Dies ist zum ersten und einzigen Mal in deinem Leben die Gelegenheit, diese Angstzustände konkret zu behandeln und aufzulösen. Aber sollte ich hier die *Quest* komplett aufgeben und klein beigeben? Das Quest-Programm so schändlich missachten und zu Stefan gehen, meine Bedürftigkeit mir und allen anderen eingestehen und um Hilfe bitten? Sollte ich wirklich so sehr versagen?

Auf dem Weg zum Basislager weinte ich weiter. Ich sah die leuchtend goldenen Blätter im Wald und wusste doch, dass die Bäume nur für Mama standen. Ich war wieder Kleinkind. Und ich spürte deutlich, wie ich die kindlichen Gefühle zu meiner Mutter tatsächlich auf meine Freundin übertragen hatte. Davon hatte ich sonst immer nur gehört oder in der Fachliteratur gelesen. Das, was mir in meiner Erziehung als das Verwerflichste überhaupt eingetrichtert wurde, genau das musste ich jetzt zulassen und konnte es nicht mehr wegdrücken: meine frühe Sehnsucht nach Mutterliebe. »Geh, schäm dich«, hätten meine Eltern gesagt. »Du bist doch kein Baby!« Ich musste schon als kleines Kind erwachsen sein.

Stefan konnte mir dann sehr gut weiterhelfen, und ich weiß, dass nur er mir helfen konnte. Ich weinte wie ein Säugling. Stefan war einfach nur da, gab Halt wie eine gute Mutter. Danach fühlte ich mich tatsächlich wie neu geboren, und ich weiß, dass dieser Trennungsschmerz und die Angst bereits bei der Geburt anfingen und dann immer weitergingen. Doch ich stehe mir jetzt nicht mehr selbst im Weg. In der Männnerquest konnte ich endlich das bearbeiten, was für mich das Unmännlichste überhaupt war. Aber wie soll man zum Mann werden, wenn man nicht zuerst Baby sein durfte? Am nächsten Morgen, nach einer wunderbaren Nacht im Bett, saß ich in der Sonne und dachte mir: Ich füge mir selbst keinen Schaden mehr zu. Ich handle nicht mehr *gegen* mich. Ich handle *für* mich. Ich spürte deutlich meine Eigenverantwortung in allem Tun. Damit ging ich erst einmal frühstücken, wo ich noch zwei weitere Rückkehrer am Tisch traf. Den Tag über wanderte ich auf Anraten von Stefan in der Natur, um die Neugeburt zu feiern und zu vertiefen. Die Wachnacht verbrachten wir zu viert am Feuer, unser jetzt 16-jähriger Assistent und zwei weitere frühzeitige Rückkehrer. Gegen fünf gesellte sich noch ein weiterer Rückkehrer zu uns, der die *Quest* auf dem Gelände des Seminarhauses weitergeführt hatte.

Die Rückkehr

Als im Morgengrauen die ersten Männer von draußen zurückkehrten, war ich schon etwas wehmütig und traurig, dass ich meine zweite *Quest* nicht stilecht zu Ende geführt hatte. Einige der Rückkehrer konnten wir nur noch an Gang und Körperhaltung erkennen. Ihre Gesichter hatten sich so sehr verändert, dass sie kaum mehr so aussahen wie die, die vor vier Tagen aus diesem Haus herausgegangen waren. Einige sahen aus wie erleuchtet; wie der »weise Mann von den Bergen«. Absoluter Wahnsinn!

Als wir dann alle in der Sauna saßen, die zur Schwitzhütte umfunktioniert wurde, posaunte ich plötzlich heraus: »Ich werde heiraten!«

Meine Quest-Geschichte erzählte ich als Vorletzter. Ich hatte Angst vor dem Erzählen und befürchtet, bei meiner wirklich schlimmen Geschichte wieder weinen zu müssen, genauso wie bei der Medizinwanderungserzählung. Als ich dann loslegte, musste ich über mich selbst und meine Höllen-Angst-Geschichte so sehr lachen, dass alle anderen mitlachten. Mir wurde Komiker-Talent attestiert. Und das beim Erzählen der schlimmsten Erlebnisse meines Lebens, am Rand des Wahnsinns und bei meiner 25-jährigen Suche nach meiner Seele! Mein neuer Medizinname war dann auch schnell gefunden: »Lachendes Herz«.

Nachbereitungstreffen

Beim Nachbereitungstreffen im Februar, zu dem ich das Visionsbild (ich mit meiner Frau im Arm), das ich vor einem Jahr, drei Monate nach der *Quest* gemalte hatte, mitbrachte, war ich sehr erstaunt. Das Bild hatte ich vergessen. Doch ist der Weg der *Quest* für mich auch ein Weg zur Verwirklichung dieses Bildes. Mir wurde klar: Wenn die schlimmen, dramatischen Gefühle kommen, Angst, Wut, Weltschmerz, besonders im Zusammenhang mit meiner Partnerin, dann beziehen sich diese Gefühle nicht auf Ereignisse in der Gegenwart. Sie kommen aus meiner sehr frühen Vergangenheit. Damit haben sie für das Jetzt keine Bedeutung und sind für Handlungen in der Gegenwart nicht als maßgeblich anzusehen. Es sind jedoch Gefühle des verletzten Kindes, das ich war und damit immer noch bin, und damit äußerst ernst zu nehmen und berechtigt, da ICH es erlebt habe, was da wieder hochkommt. Also kann ich die Gefühle nicht unterdrücken. Denn ICH war es und ICH bin es, der gehört werden will: von mir! Somit schwächt sich der lebenslange Selbst-Streit gegen das eigene Leid und gegen mich selbst.

Fazit

Vier Monate nach der *Quest* habe ich meine ungeliebte Stelle gekündigt und eine Stelle in Zürich angenommen. Damit bin ich meiner Freundin, die in der Schweiz lebt, deutlich näher. Die neue Stelle ist eine große Herausforderung. Ich kann nicht mehr unrasiert und in meiner alten schlampigen Kleidung aufkreuzen, sondern muss »zivilisiert« erscheinen. Manchmal stöhne ich unter der Last der Verantwortung, aber ich fühle mich lebendiger und lebensfroher als vor der Manngeburt. Ohne die vorangegangene Zeit mit Stefan und den Männern, ohne den wilden Mann und den Krieger wäre solch ein Schritt nie möglich gewesen. Jetzt, im richtigen Leben, geht die Initiation erst los. Davor habe ich mehr Bammel als vor der Quest. Jetzt, zwei Jahre nach der Manngeburt, habe ich beruflich mein Zuhause gefunden. Die Beziehung zu meiner Freundin hat sich vertieft.

Möge dieser Text anderen Mut und Hilfe geben.

Lachendes Herz im April 2008

VERBUNDENHEIT, RESPEKT, KRAFT – TEILNEHMER ÜBER DIE MANNGEBURT

Student, 25 Jahre:
Ich nehme aus der Manngeburt mit …

- eine neue Perspektive.
- weniger Gewicht. Körperlich und seelisch.
- viel mehr Wissen um mich selbst.
- mehr Vertrauen. In mich! Das Leben! Die Menschen!

Architekt, 45 Jahre:
Ich bin sehr bewegt von der Verbundenheit und dem Respekt unter uns Männern. Das Wachsen der Gemeinschaft und das Spüren unserer Verbundenheit gibt mir Kraft. Die unterschiedlichen Facetten dieser Männerpersönlichkeiten vereinen sich in einer gemeinsamen Herzenskraft. Das gibt mir innere Ruhe. Nach eineinhalb Jahren Pause werde ich in meinen Beruf zurückkehren. Ich habe wieder Freude daran. Außerdem habe ich Mut gewonnen, mich wieder auf eine Frau einzulassen. Ich bin ganz gespannt, welche Frauenpersönlichkeiten ich in der nächsten Zeit treffen werde.

Wirtschaftsprüfer, 50 Jahre:
Meine Motivation, am Manngeburt-Projekt teilzunehmen, war, (endlich) eine Identifikation als Mann zu finden. Dies ist voll und ganz gelungen und war am Grab meines Vaters vollendet für mich spürbar. Ich habe die Archetypen verinnerlicht und kann sie situativ einsetzen. Auch habe ich meine Präsenz deutlich gesteigert. Mein aufgestauter Frust ist verflogen. Ich habe die tiefe Heilung einer großen Wunde erfahren und an meinem Platz im Wald mein Zuhause gefunden. Bleibend! Mein Medizinname wird mir

Anker sein und mir helfen, meine Fähigkeiten klarer, gezielter und damit wirksamer einzusetzen. Meine neue Bescheidenheit befreit mich. Ich spüre eine ungewohnte Ruhe und vertraue auf ihre Wirkung.

Betriebswirt, 33 Jahre:
In den vergangenen neun Monaten wurde vieles in meinem Leben ins rechte Lot gerückt. Zwei ganz wesentliche Punkte davon sind die Fähigkeit aus meinem Herzen handeln zu können, sowohl privat als auch beruflich. Und dass ich mit Männern in echten Herzenskontakt gehen kann, was für mich ein unglaubliches Geschenk ist.

Student, 25 Jahre:
»Manngeburt« ist therapeutisch, spirituell, profan, tief und leicht. Das, was ich bekommen habe, ist ein Werkzeugkasten. Werkzeuge, mit denen ich im Leben meine Probleme besser lösen kann. Es ist nicht, dass ich keine Probleme mehr habe (was ich mir davor gewünscht hatte). Nein, es ist die Möglichkeit, die Probleme in meinem Leben anzunehmen und damit umzugehen. Löcher und Trauer tun sich immer noch auf. In diese Löcher falle ich auch immer noch hinein. Doch geht das Annehmen und mich wieder aus den Tiefen selbst Herausholen nun schneller. Es ist ein reich gefüllter Werkzeugkasten, den ich durch die Unterstützung des Leiters bekommen habe. Genau passend für mich und mein Leben. So, denke ich, hat jeder der Männer seinen eigenen Werkzeugkasten. Wie verschiedene Handwerker andere Werkzeuge haben für das, was sie machen. Jeder braucht sein Werkzeug. Der Leiter gibt einen Rahmen vor, in dem jeder seine eigene Antwort auf die Frage »Was ist ein Mann?« findet. Keine vorgefertigte Meinung, wie ein Mann zu sein hat, sondern eigene Erfahrungen.

Technischer Angestellter im öffentlichen Dienst, 50 Jahre:
(Der Teilnehmer hatte folgenden Traum ca. 6 Monate nach der Visionssuche:)

»Ich befand mich im Wald und plötzlich waren da mehrere Männer von der Manngeburt, aber auch andere Männer (reife und mir wohlgesonnene). Auch mein nun schon seit über zehn Jahren toter Vater saß mit uns im *Council.* Er sah viel jugendlicher und vitaler aus, als ich ihn in Erinnerung habe. Es stand folgendes *Council*-Thema im Raum: Was hat mich in meinem Leben zu dem gemacht, was ich bin? Mein Papa schnappte sich als Erster den Stab und begann zu erzählen. Er erzählte, dass, wenn er in seinem Leben an dem Punkt war, wo er einmal seine Wut rauslassen wollte, die Umgebung das nicht ertragen konnte. Nicht mal die Ärzte und Therapeuten hätten es tragen können (mein Papa hatte lebenslang Depressionen und war in Therapie deswegen). Darauf kamen aus dem Kreis sofort heftigste Ermutigungen: Na, aber das kannst du jetzt hier nachholen, ›wir‹ können das tragen. Irgendjemand schleppte dann einen schweren Ast an, als Keule für meinen Papa zum Wut-raus-Lassen. Dann war der Traum aus.«

Web-Designer und Übersetzer, 45 Jahre:

Psalm 151

Von Peter. Als er sich im
Maronenwald auf das
Sterben vorbereitete.

Wie ein Bach, der niemals versiegt,
so ist der Herr und seine Hand.
Immer da, um Leben zu spenden,
um müde Wanderer zu erfrischen.

Wie ein Bach, der die Berge formt,
so formt Deine Hand mich:
mit Geduld, mit mächtigem Strom,
mit stillem, friedvollem Plätschern.

Wie ein Bach, der alle Zeit der Welt hat,
niemals gehetzt,
niemals zu schnell, niemals zu langsam,
bist Du an mir, zu Deiner Zeit.

Wie ein Bach strömt Tag und Nacht,
ob ich müde bin oder stark, ob verzweifelt oder im Sieg.
So hältst Du das All, die Welt, und mich.
Ich bin von Dir gehalten.

SCHLUSSWORT

Das Nachdrücklichste der Manngeburt ist das starke Verbundenheitsgefühl, das unter den teilnehmenden Männern entsteht. Im Laufe dieses langen und intensiven gemeinsamen Weges hat jeder Mann, manchmal im wahrsten Sinne des Wortes, die Hosen runter gelassen.

Ich erinnere mich an einen äußerst mutigen Teilnehmer, der damals in einem christlichen Beruf tätig war. Schon beim dritten Treffen erzählte er von seinem Hang zum Voyerismus, unter dem er in dieser Zeit litt. Von ihm hätte ich als Letztes so eine Offenbarung erwartet. Aufgrund seiner Offenheit öffnete er eine Tür, durch die ihm sofort und dankbar viele Männer folgten und ebenfalls ihre sexuellen Geheimnisse mitteilten. Sie litten seit Jahren an ihren Fixierungen und noch mehr darunter, dass sie diese ganz für sich im stillen einsamen Kämmerlein ihres Herzens trugen. Endlich gab es Gelegenheit, die Kammertür aufzureißen und den lange aufgestauten Geheimnisdruck zu entlassen. Es war wie eine überdimensionale prall gefüllte Blase, die endlich platzen durfte und etwas ins Fließen brachte, das sich lange, manchmal sehr lange angestaut hatte. Und wie wohltuend war die daraus resultierende neu gefundene Nähe und Intensität. Endlich einmal die Maske des Unnahbaren, Starken, alles im Griff Habenden ablegen zu können, empfanden alle als eine große Befreiung. Daraus entwickelten sich tief gehende, tragende Freundschaften, die weit über den Seminarzeitraum hinausreichten.

Es war an einem Novemberabend im Allgäu. Ich befand mich gerade mit einer Gruppe Manngeburt-Männer zum Jahresabschluss, als wir von meinem Assistenten in den Garten gebeten wurden. Dort stand eine Gruppe Männer im Kreis mit Fackeln in der Hand. Sie sangen ein afrikanisches Segenslied. Als wir näher an herantraten, konnte ich die singenden Fackelmänner erkennen. Es waren die Teilnehmer vom Vorjahr. Sie hatten sich auf den Weg gemacht, um in einer anrührenden selbst entwickelten Zeremonie ihre Nachfolger in den Kreis der initiierten Männer aufzunehmen. Eine wunderbare Überraschung, die dazu führte, dass sich schon zwei Stunden später einander bis dahin völlig unbekannte Männer gemeinsam im warmen Wasser des Holzzubers unterm Sternenhimmel tummelten. Dabei fühlte es sich so an, als würden sie sich seit Jahren kennen. Aus zwei Gruppen wurde eine große Gruppe. An diesem

Wenn Männer sich nach einer Visionssuche nahe sind, erleben sie, wie sich ein lebendiges Miteinander, ein Sich-aufeinander-Verlassen anfühlt.

Abend beschlossen die Männer, sich mehrmals im Jahr zu treffen, gemeinsam etwas zu unternehmen, im *Council* zu sitzen und sich auf der Herzensebene auszutauschen. Die allein stehenden Männer verabredeten sich zu einem gemeinsamen Weihnachtsfest. Sie beschlossen auch, dass von nun an jedes Jahr die frisch initiierten Männer von den »Alten« in den Kreis aufgenommen werden. In dieser Nacht im Zuber entstand die Vision, sich in ein paar Jahren mit hunderten von Manngeburt-Männern zu treffen. Als ich die »Manngeburt« entwickelte, wagte ich nicht im Traum an solche Dimensionen zu denken, aber nach dieser Nacht weiß ich, dass wirkliche Gemeinschaft unter Männern möglich ist und dass unser Geschlecht sich unweigerlich auf ein neues fruchtbareres, lebendigeres Miteinander hinbewegt.

Ich bin zutiefst dankbar, dass ich diese Arbeit machen darf und sich mehr und mehr Männer dazu entschließen, ihr wahres Wesen auszugraben und zum Erblühen zu bringen. Sie dabei ein Stück des Weges begleiten zu dürfen, empfinde ich als ein Gottesgeschenk und als große Herausforderung. Diese Arbeit verlangt die ständige Bereitschaft zu wachsen und immer wieder neu dazuzulernen. Ich bin als Mann und als Mensch auf meinem Weg und permanent in Entwicklung. So ist es auch mit der Manngeburt. Wie ich mit jeder Gruppe wachse und reife, so verändert sich auch die Manngeburt jedes Mal ein wenig, wird reicher, vielfältiger und bunter. Es ist ein dynamisches Gebilde, das sein Gesicht von Gruppe zu Gruppe verändert. Ein sehr spannender Umstand, der von mir und meinen Assistenten immer wieder verlangt, offen zu bleiben für das, was der Augenblick erfordert, und nicht einem vorgefertigten, aber vielleicht leblosen Bild zu folgen.

So wünsche ich mir für die Zukunft ein Szenario, in dem die initiierten Männer in Kontakt kommen mit initiierten Frauen. Denn erst in der Begegnung mit dem anderen Geschlecht zeigt sich von welchem Bestand eine Initiation wirklich ist. Ein initiierter Mann wird in einer initiierten Frau ein Gegenüber sehen, die ihn ganz macht. Er wird nicht mehr versuchen, sie zu verstehen oder mit ihr zu kämpfen. Er wird sie achten für das Geheimnis, das sie in sich trägt, und für das Geschenk der Ganzheit, das sie für ihn bereithält. Unterschiedlichkeit ist dann nicht mehr der Bodensatz für Grabenkämpfe und alle Arten von Missbildungen in der Mann-Frau-Beziehung, sondern bietet die Voraussetzung dafür, dass es zwischen Mann und Frau lebendig, intensiv, lustvoll und fruchtbar sein darf, auch nach vielen Jahren noch. Es wird nicht mehr das Prinzip des wechselseitigen »Rette-mich!« herrschen, sondern es werden sich zwei Individuen begegnen, die gut für sich allein stehen können und sich gerade aus dieser inneren Freiheit heraus gegenseitig beschenken. Das wünsche ich mir für alle Männer und Frauen dieser Erde.

Danke

Ich danke dem Schöpfer, dem Universum, dem Großen Geist
für die Natur und die Schönheit.
Danke, dass ich am Leben bin, im Hier und Jetzt.
Danke, dass der Zug nicht die letzte Chance war.
Danke, dass ich den Mond und die Sterne sehen kann.
Danke für die schönen Frauen, denen ich bisher begegnet bin.
Danke für die Begegnungen mit Andrea.
Danke für die Farben.
Danke für die wärmende Sonne.
Danke für die Vögel, die singen.
Danke für den Grashüpfer, der zirpt.
Ich lebe mein wildes Herz.

Gedicht eines Teilnehmers
nach der Visionssuche
am Ende der Manngeburt

Dank

Nach einigem Gezeter, Hin und Her, massiven Gehirn-Blähungen und sonstigen Unleidlichkeiten, machte meine Frau den Vorschlag einer *Medizinwanderung*, die den Startpunkt für das Schreiben setzen sollte. Geduldig und einfühlsam spiegelte sie mir meine Geschichte. Danach flutschte es mit der Schreiberei. Die Blumen auf meinem Schreibtisch, als ich die ersten Zeilen tippte, waren Ausdruck Ihres Vertrauens und Ihrer liebevollen Unterstützung. Danke, Christine, für eine entbehrungsreiche Zeit, die Du mitgetragen hast.

Als die Manngeburt sich noch ganz im Bereich der vagen Idee befand, fing ein Mann Feuer. Dieses Feuer loderte derart, dass es sich binnen kürzester Zeit zum Flächenbrand ausweitete. Ohne Roland Bick hätte die erste Manngeburt nicht stattgefunden und ohne ihn gäbe es auch dieses Buch nicht. Die ersten Männer hat er förmlich auf seinen eigenen Händen zum Infoabend getragen. Danke, Roland, für Dein großes Herz und Deine bedingungslose Unterstützung in allen Bereichen.

Die Manngeburt ist das, was sie ist, weil es Männer gibt, die ihr Herzblut, ihre Zeit, ihre Kraft und Energie selbstlos zur Verfügung stellen, um mir bei meiner Arbeit zu assistieren. Sie sorgen für den äußeren Rahmen und halten mir den Rücken frei, dass ich mich zu 100 % auf das Wesentliche konzentrieren kann. Manche kennen die Abläufe der einzelnen Elemente inzwischen besser als ich selbst. Mein Dank gilt: Martin Meier, Benedikt Bartussek, Wolfgang Huber, Wolfgang Gasde, Roland Bick, Hans-Jürgen Hesl, Simon-Ulrich Schmucker, Markus Fleck, Martin Heid, Michael Welpmann, Andreas Wegele und Peter Purschke.

Susanne Rupp, beste Freundin meiner Frau, war dadurch nicht nur Stabilisatorin im Hintergrund, sondern auch noch lustvolle Korrekturleserin und einfühlsame Feedback-Geberin. Danke!

Dem früheren Kösel-Verleger Winfried Nonhoff möchte ich aufrichtig für sein großes Vertrauen und seine herzerfrischende Art zu motivieren und zu kritisieren danken. Auch für das heutzutage seltene Engagement, sich auf ein Nischenbuch einzulassen. Vom ersten Moment an habe ich mich gestützt, genährt und wertgeschätzt gefühlt. Das gleiche gilt für Michael Kötzel, der für das religiöse Sachbuch zuständig ist, und meine Lektorin Michaela Breit.

Christoph Born und Andreas Wegeler stehen für die professionellen Fotos zu diesem Buch. Danke!

Meinen Eltern danke ich für's Leben und alles, was sie für mich getan haben.

Großen Einfluss auf die »Manngeburt« und damit auf dieses Buch hat eine Frau: Meiner Supervisorin, Kathrin Rohrhuber, danke ich für ihr unnachahmliches Einfühlungsvermögen, ihr großes Wissen und ihre unbestechliche Art, blinde Flecken aufzudecken und ihre so unendlich herzliche Gabe zu fördern und zu fordern.

Meinem Meditationslehrer und Meister Sri Parthasarati Rajagopalachari danke ich für das lebende Beispiel eines vollendeten wilden Mannes, der die Liebhaber-, Magier-, Königs- und Kriegerqualität in vollkommener Harmonie in sich verwirklicht. Sein Geist trägt mich und spricht aus jeder Zeile in diesem Buch.

Zu guter Letzt gilt mein Dank all jenen Männern, die den Mut und das Vertrauen hatten, sich mit mir auf den Weg zu machen. Manche wurden Freunde, zu manchen habe ich keinen Kontakt mehr, aber jeder Einzelne hat auf seine Weise eine Spur in meinem Herzen hinterlassen.

LITERATUR

Bly, Robert: *Eisenhans. Ein Buch über Männer,* München 1993

Dürckheim, Karlfried: *Der zielfreie Weg.* Im Kraftfeld initiatischer Therapie, Freiburg i.Breisgau, 1982

Mead, Michael: *Die Männer und das Wasser des Lebens*, München, 1994

Moore, Robert u. Gillette Douglas*: König, Krieger, Magier, Liebhaber.* Die Stärken des Mannes, München 1992